O crime organizado

FUNDAÇÃO EDITORA DA UNESP

Presidente do Conselho Curador
Herman Jacobus Cornelis Voorwald

Diretor-Presidente
José Castilho Marques Neto

Editor-Executivo
Jézio Hernani Bomfim Gutierre

Conselho Editorial Acadêmico
Alberto Tsuyoshi Ikeda
Célia Aparecida Ferreira Tolentino
Eda Maria Góes
Elisabeth Criscuolo Urbinati
Ildeberto Muniz de Almeida
Luiz Gonzaga Marchezan
Nilson Ghirardello
Paulo César Corrêa Borges
Sérgio Vicente Motta
Vicente Pleitez

Editores-Assistentes
Anderson Nobara
Henrique Zanardi
Jorge Pereira Filho

Paulo César Corrêa Borges

O crime organizado

© 2002 Editora UNESP

Direitos de publicação reservados à:
Fundação Editora da UNESP (FEU)
Praça da Sé, 108
01001-900 – São Paulo – SP
Tel.: (0xx11) 3242-7171
Fax: (0xx11) 3242-7172
www.editoraunesp.com.br
www.livrariaunesp.com.br
feu@editora.unesp.br

Dados Internacionais de Catalogação na Publicação (CIP)
(Câmara Brasileira do Livro, SP, Brasil)

Borges, Paulo César Corrêa
   O crime organizado / Paulo César Corrêa Borges. – São Paulo: Editora UNESP, 2002. – (PROPP)

   Bibliografia.
   ISBN 85-7139-402-4

   1. Crime organizado 2. Crime organizado – Brasil I. Título. II. Série.

02-3574   CDU-343.232

Índice para catálogo sistemático:
1. Crime organizado: Direito Penal 343.232

Este livro é publicado pelo projeto *Edição de Textos de Docentes e Pós-Graduados da UNESP* – Pró-Reitoria de Pós-Graduação e Pesquisa da UNESP (PROPP) / Fundação Editora da UNESP (FEU)

Editora afiliada:

Para a companheira de sempre, Maria Helena, e aos maravilhosos filhos, Paulo, Vinícius e Gabriela.

Sumário

Prefácio   9

Apresentação   13

1 Definição de crime organizado   15

2 Organização criminosa tradicional   25

3 Organização criminosa empresarial   33

4 Redescobrindo o Ministério Público   37

5 Provas ilícitas   43

6 Quebra de sigilo   57

7 Delação premiada   69

8 Infiltração policial e ação controlada   73

9 Proteção à testemunha   79

10 Lavagem de dinheiro   87

Conclusão   91

Referências bibliográficas   93

Anexo   97

Prefácio

Lia, outro dia, um antigo manual que fazia recomendações sobre como elaborar prefácios. A primeira delas era ser sucinto; a segunda, expor exclusivamente o necessário para mostrar a importância da obra. Não sei se entendi ao certo as recomendações, mas o principal, a meu juízo, é informar sobre quem é o autor e explicitar as razões pelas quais este trabalho deve ser lido.

Em 1988, fui trabalhar na cidade de Franca como professor da UNESP. Iniciava minha vida profissional na academia lecionando a disciplina de Direito Penal para o 2º ano do curso de bacharelado. Embora o campus de Franca não fosse novo, o curso de Direito ainda não havia formado a primeira turma. Fui, na ocasião, encarregado pelo Chefe do Departamento de Direito, Prof. Eduardo Marchi, de representar o curso de Direito na concepção de um projeto inicial que pudesse servir à comunidade, prestando assistência jurídica gratuita à população carente de Franca e região. Elaborado o projeto, após a tramitação pelos órgãos da universidade, começamos a orientação de estagiários, alunos do 4º e do 5º anos da própria faculdade, no atendimento à população. O projeto seria um grande sucesso a depender, evidentemente, da maneira como os estagiários se desincumbissem daquele atendimento. Ali conheci um jovem, que não fora meu aluno, e que, mais do que aprender, me ensinava. Não poucas vezes, ao sugerir uma linha de atuação específica em face de um processo determinado, já vinha ele trazendo a petição pronta ou os últimos julgados que pesquisara nos compêndios. Desde logo observei as qualidades profissionais daquele aluno e vislumbrava que ele teria uma carreira brilhante.

Concluído seu bacharelado, Paulo César Corrêa Borges é sucessivamente aprovado em dois concursos públicos de provas e títulos: Procuradoria do Estado e Ministério Público Estadual. Abraça, por aptidão, aquela carreira que o faria conhecido e respeitado em todo o Estado: a de Promotor de Justiça. Nesse período, continuamos a manter contato e, ainda que com um pouco mais de distância, pude acompanhar sua evolução. Inicia, tempos mais tarde, seus estudos em nível de pós-graduação, sob orientação do Prof. Clóvis de Carvalho Júnior, vindo a defender com grande brilho sua dissertação de mestrado pela própria UNESP. Ingressa na Universidade Estadual Paulista, no ano de 1998, por concurso público, do qual tive a honra de participar, como examinador. Eu já não lecionava na UNESP, por ter me transferido para a USP, mas tive o prazer de constatar que o bastão do direito penal, em consonância com o Estado democrático de direito e com o respeito à dignidade do cidadão, seria levado de forma profícua pelo recém-aprovado professor daquela renomada instituição de ensino. Paulo César é, hoje, pesquisador respeitável e docente querido por seus alunos.

O trabalho que ora se apresenta nada mais é do que o resultado dessa carreira brilhante. Trata-se de um profundo e agudo estudo sobre o crime organizado em que o autor passeia sobre o tema como conhecedor arguto da matéria. Definido o problema de variadas perspectivas, analisadas as diferentes organizações criminosas no Brasil e no estrangeiro, reexamina o papel que o Ministério Público, como instituição, deve desempenhar em relação ao tema. Seu estudo é informativo e crítico. Em dado momento, afirma que "Um dos grandes fatores que concorrem para a impunidade do crime organizado no Brasil é decorrência do desaparelhamento do Ministério Público e da polícia judiciária, para o seu combate adequado". E arremata: "O maior pecado da lei brasileira n.9.034/95 foi ter atribuído ao juiz o papel de investigador, vulnerando o modelo acusatório ao incumbi-lo da guarda da prova secreta, com a violação de inúmeros princípios constitucionais". Ademais, analisa a lei, sempre mostrando tanto sua importância como suas eventuais incongruências, em todos os seus aspectos. Foi, pois, em boa hora que a Editora UNESP resolveu publicar esta obra que, sem dúvida, prestará inestimável contribuição à ciência jurídica pátria.

Não sei se fui sucinto o suficiente, nem se falei o bastante da obra. No entanto, era importante lembrar um pouco da história do autor. Lembrar que nossa história, mesmo marcada pelos quilômetros de distância, tinha sido/vinha sendo a mesma. Como se cada um de nós fosse bordando a sua vida, mas, sob diferentes bordados, o risco fosse sempre o mesmo. Parece que não está certo o poeta:

> Se, depois de eu morrer, quiserem escrever a minha biografia, não há nada mais simples.
> Tem só duas datas – a da minha nascença e a da minha morte. Entre uma e outra coisa todos os dias são meus.
>
> (Fernando Pessoa)

Convenci-me, ao longo da vida, de que os meus dias não são meus, são nossos. Mais do que isso: convenci-me, em razão do meu relacionamento com o autor, de que assim como ensinei para e aprendi com ele, muitos leitores poderão aprender com o livro que solta sua voz nas estradas.

Sérgio Salomão Shecaira
São Paulo, outono de 2002

Apresentação

O crime organizado tornou-se objeto da atenção mundial quando, na Itália, os membros do Ministério Público e do Poder Judiciário desencadearam, com sucesso, a denominada operação *mani pulite*, levando inúmeros mafiosos, entre os quais pessoas de grande projeção social, às barras da justiça e conseguindo sua condenação. Era o fim da intangibilidade de uma forma de delinquência, que sempre se beneficiara da lei do silêncio, da "queima de arquivo" ou da corrupção estatal.

No Brasil, apesar de não estar em um estágio inicial, o debate doutrinário é escasso e poucos se debruçaram sobre essa temática (cf. Mingardi, 1998, p.32), o que em parte justifica o anacronismo da primeira tentativa legislativa de regulamentar o combate ao crime organizado, representada pela Lei n. 9.034/95. Esta, a par de não permitir uma eficiente atuação da polícia judiciária e do Ministério Público, observando o sistema acusatório adotado pelo legislador constituinte, trouxe retrocessos que remontam à Idade Média, em que o Poder Judiciário dispunha de procedimentos inquisitivos para a prestação jurisdicional em matéria penal.

Com este estudo, pretende-se apresentar os aspectos relevantes para um eficiente combate ao crime organizado, partindo-se do pressuposto de que, enquanto disputas institucionais marcarem o processo de produção legislativa, em vez de serem somados os esforços de cada um dos órgãos estatais incumbidos da persecução criminal, tendo-se por parâmetro as competências e atribuições constitucionalmente reservadas a cada um, a impunidade da delinquência organizada continuará sendo a única vencedora. Um novo Projeto de Lei, o de n.3.731/97, já está tramitando no Senado Federal brasileiro. É tempo de reflexão.

1
Definição de crime organizado

A definição de crime organizado tem suscitado muitos debates doutrinários, em virtude não só da ausência de um critério consensual, mas também das dificuldades de sua tipificação legal. Sabe-se que o crime organizado apresenta características próprias, que o diferenciam da criminalidade comum e eventual, mas não se chega à delimitação de seus elementos específicos.

Diante dessa dificuldade, alguns doutrinadores e diplomas legais tangenciam o conceito de crime organizado, pondo em relevo a organização criminosa, assim considerada toda e qualquer associação destinada à prática de crimes. Tais associações se organizam tendo a certeza da impunidade, notadamente em relação às suas lideranças, que agem, muitas vezes, com a proteção do poder econômico ou político.

No XV Congresso Internacional de Direito Penal, realizado no Rio de Janeiro, no período de 4 a 10 de setembro de 1994, Guaracy Mingardi (1994) apontou como características do crime organizado a previsão de lucros, a hierarquia, a divisão de trabalho, a ligação com órgãos estatais, o planejamento das atividades e a delimitação da área de atuação. Destacando também a existência de dois modelos de organização criminosa: a tradicional ou territorial, e a empresarial (1998, p.81).

Dependendo do modelo de organização criminosa que se analisa, haverá, portanto, variação de alguns de seus elementos, embora outros sejam comuns. Em razão dessa variação, a definição do que seja crime organizado ou organização criminosa ficará comprometida se não levar em conta as nuanças de cada uma delas.

Analisando a legislação italiana, infere-se que o combate ao crime organizado, no plano legislativo, teve quatro objetivos coordenados entre si, não se olvidando a necessidade de dotar o Ministério Público e a magistratura de institutos processuais eficazes e adequados ao enfrentamento dessa realidade: legislação antiterrorismo, legislação antissequestro, legislação de proteção dos *pentiti*[1] e outros colaboradores, e a legislação específica de combate à máfia (cf. Grinover, 1995b, p.15).

As leis italianas n.15/80 e n.304/82 fizeram alusões expressas à figura de organizações destinadas à prática de crimes de terrorismo ou de subversão da ordem democrática, tipificando os crimes de atentado à vida ou à incolumidade das pessoas, bem como o sequestro, com aquelas mesmas finalidades (cf. ibidem, p.15-6).

A legislação italiana distingue a associação criminosa comum, na forma de quadrilha ou bando, sem caráter

---

1 *Pentiti*: criminosos arrependidos, que se tornam colaboradores no combate ao crime organizado, do qual eram parte integrante. (N. E.)

de perpetuação de sua atividade, daquela de tipo mafioso, que se vale da *intimidazione*, interna ou difusa, do *assoggettamento* (vínculo hierárquico e eterno) e da *ormetá* (lei do silêncio) (cf. Maierovitch, 1995a, p.62).

O professor Fernandes (1995c, p.36) resume em três as correntes doutrinárias e legislativas que se propõem a conceituar o crime organizado: a) a mais comum no Brasil é a que tenta definir o que seja organização criminosa, estabelecendo como consequência que crime organizado é todo aquele praticado por tal organização; b) a segunda é a que define os elementos essenciais do crime organizado, sem especificação de tipos penais, mas incluindo como um daqueles elementos a participação em uma organização criminosa; c) a última corrente é a que estabelece um rol de tipos penais e, acrescentando outros, qualifica-os como crimes organizados.

A Pennsylvania Crime Commission define o crime organizado como a atividade de tráfico de bens ou os serviços ilegais – como o jogo, a prostituição, a agiotagem, a extorsão, as substâncias controladas –, realizados por uma organização de forma contínua ou tendo por finalidade a obtenção expressiva de ganhos econômicos, por meio de fraudes, coação ou corrupção (cf. Mingardi, 1998, p.42).

Para o FBI, o crime organizado é aquele praticado por qualquer grupo que apresente alguma forma de estrutura, com a principal finalidade de obtenção de lucro, por meio de atividades ilegais. Acrescenta que são características de tais grupos o emprego da violência (física ou moral), a corrupção ou a extorsão, além de certa influência sobre a população de um determinado local, região ou país, como, por exemplo, a Cosa Nostra (cf. ibidem, p.43).

O Código Penal brasileiro, no artigo 288, tipificou a formação de quadrilha ou bando e, limitando-se a sua reforma em 1984 à parte geral, não deu tratamento específico às associações criminais do tipo mafioso (cf. Maierovitch, 1995a, p.62).

No Brasil, além da inexistência de um conceito uniforme de crime organizado, existem falhas gritantes na condução das investigações. Desde o legislador penal até amplos setores da polícia judiciária não se deram conta de que não podem agir com o crime organizado como se ele fosse mera delinquência que se combate sem nenhuma especialização ou instrumentos adequados (cf. Mingardi, 1998, p.205). Esquecem-se de que as organizações criminosas atuam infiltradas no Estado (cf. Maierovitch, 1995a, p.63). Até mesmo os juristas, como adverte Lopes (1995, p.180), valem-se de construções legislativas ou doutrinárias criadas para o combate da microcriminalidade a partir do início da sociedade industrial.

O aparato teórico está, pois, defasado em relação a essa espécie de macrocriminalidade, que não se confunde com a criminalidade de massa. Isso exige uma articulação entre as várias instituições envolvidas no combate ao crime organizado, sob pena de tornarem-se inócuas as reações estatais para o seu controle e eliminação. As disputas institucionais apenas permitirão que as organizações criminosas se fortaleçam e escamoteiem suas atividades.

No Brasil, o crime organizado não é uma ficção. Ele se torna bastante visível no roubo de cargas, roubo e furto de veículos, tráfico de drogas e jogo do bicho (cf. Mingardi, 1998, p.227).

Pelas revelações recentes da Comissão Parlamentar de Inquérito que apura o narcotráfico no país, acredita-se que esse ramo da criminalidade organizada tenha sido o que mais imbricou com o aparelho estatal e com a sociedade. A imprensa tem noticiado a relação de traficantes desde com empresários, policiais civis e militares, até com juízes de direito.[2]

No Projeto de Lei n.3.516, apresentado pelo deputado Michel Temer, em 1989, definia-se a organização criminosa como a que demonstrasse estrutura criminal, com uma atuação sistematizada regional, nacional ou internacional.

Depois de cinco anos de tramitação, o referido projeto foi transformado na Lei n.9.034/95, mas sofreu inúmeras modificações – muitas delas propostas pelo senador João Paulo Bisol (cf. Nogueira, 1995, p.149) – e, por isso, não definiu o crime organizado, mas apenas se propôs a estabelecer meios de prova e procedimentos investigatórios voltados para o combate de crimes praticados por quadrilhas ou bandos, como seu artigo primeiro prescreve, deixando inequívoca a fuga da conceituação do delito organizado.

A Lei n.9.034/95 não definiu, assim, o crime organizado com base em seus elementos essenciais, nem arrolou os crimes que seriam qualificados como organizados. Em suma, não se filiou a nenhuma das três linhas doutrinárias já mencionadas, deixando em aberto o que seria organização criminosa ou crime organizado, admitindo que qualquer crime tipificado em outras leis penais possa ser considerado crime organizado, bastando que seja praticado por quadrilha ou bando (cf. Fernandes, 1995c, p.39).

---

2 Veja-se, por exemplo, o jornal *Folha de S.Paulo* do dia 21 de abril de 2000.

Se as três correntes que tentam conceituar o crime organizado são merecedores de críticas, o critério adotado pela legislação brasileira o é mais ainda. Sem nenhum respaldo doutrinário, ao mesmo tempo que aumentou a abrangência de tipos penais que poderão ser praticados por organizações criminosas, restringiu seu conceito, excluindo de seu alcance uma contravenção que, no Brasil, seguramente é praticada por associação delinquencial: o jogo do bicho.

O desmonte do projeto de lei inicial, do deputado Michel Temer, deixa a dúvida de que tudo não passou de uma estratégica ação de *lobbies* formados por pessoas ligadas a "bicheiros", pois no final foi aprovada uma lei que não conceitua o crime organizado por nenhuma das três linhas doutrinárias; ao contrário, ela deixa fora de seu alcance um delito tipicamente associado às organizações criminosas, que notoriamente fazem parte da realidade brasileira, pois podem ser encontrados apontadores em qualquer esquina ou bar, notadamente na periferia das cidades, lembrando em muito a penetração da máfia italiana.

A bem da verdade, o referido diploma legal, por consequência, equiparou organização criminosa a quadrilha ou bando. Entretanto, sabe-se que existem muitas quadrilhas ou bandos que são totalmente desorganizados e que jamais poderiam ser considerados organizações criminosas com base nos critérios doutrinários. Embora normalmente tenham liderança, que organiza a ação do grupo, as quadrilhas ou bandos são formados para a prática de delitos, sem nenhuma ligação com o Estado, sem uma ação global e sem conexões com outros grupos, e jamais possuirão um caráter transnacional.

O crime organizado

A tipificação do crime organizado é difícil, mas Franco (1994) elencou seus elementos essenciais: a) tem caráter transnacional; b) aproveita-se das deficiências do sistema penal, a partir de sua estruturação organizacional e de sua estratégia de atuação global; c) a sua atuação resulta em um dano social acentuado; d) realiza uma variedade de infrações, com uma vitimização difusa ou não; e) está aparelhado com instrumentos tecnológicos modernos; f) mantém conexões com outros grupos delinquenciais, ainda que estes sejam desorganizados; g) dispõe de ligações com pessoas que ocupam cargos oficiais, na vida social, econômica e política; h) em geral, utiliza-se de atos de extrema violência; i) recorre a mecanismos que lhe permitem beneficiar-se da inércia ou da fragilidade dos órgãos estatais.

Sem definir o crime organizado, Fernandes (1995c, p.32)[3] aponta como sua característica a atuação no mundo todo, tendo por modelos a "máfia", os cartéis do tráfico internacional de entorpecentes, os grupos que atuam no tráfico internacional de armas, mulheres ou crianças.

Luiz Flávio Gomes sugeriu que a organização criminosa fosse definida em lei como toda associação ilícita que reunisse ao menos três das seguintes características: previsão de acumulação de riqueza indevida; hierarquia estrutural; planejamento empresarial; uso de meios tecnológicos sofisticados; recrutamento de pessoas; divisão funcional das atividades; conexão estrutural ou funcional com o poder público, ou com agentes do poder público; ampla oferta de prestações sociais; divisão territorial das atividades ilícitas; alto poder de

---

3 Nessa mesma obra, ver também a extensa bibliografia sobre o tema na nota 3 da p.33.

intimidação; real capacidade para fraude difusa; conexão local, regional, nacional ou internacional com outra organização criminosa (cf. Mingardi, 1998, p.41).

Criticando a expressão "crime organizado", que não passaria de uma figura de linguagem, Lopes (1995, p.174) destaca que o crime organizado não se resume àquele que recebe essa denominação nos Estados Unidos; ele é também qualquer estrutura sistematizada destinada à prática de delitos, de forma assemelhada à estrutura de uma empresa lícita, com uma direção única e voltada para a realização de objetivos previamente eleitos. Tem por característica a multiplicidade da atuação criminosa e a impessoalidade da organização.

Embora a organização criminosa seja muito mais complexa do que a simples quadrilha ou bando, não deixa de ser aquela uma forma de associação criminosa de duas ou mais pessoas. Talvez seja essa a razão pela qual a Lei n.9.034/95 se reporte ao artigo 288 do Código Penal.

Melhor teria sido se tal lei houvesse especificado o tipo de quadrilha que entende caracterizar por organização criminosa, fazendo menção àquela de tipo mafioso, com alguns de seus elementos característicos, enumerando também os delitos que entende serem praticados por organização criminosa e não por quadrilha comum.

Nesse sentido, o Código Penal italiano, em seu artigo 416bis, tipificou a associação de tipo mafioso, com pena de reclusão de três a seis anos. Estabeleceu ser uma associação mafiosa aquela que tenha como características: a intimidação; a sujeição à hierarquia e à lei do silêncio, tendo por finalidade a obtenção, de modo direto ou indireto, da gestão ou do controle de atividade econômica; a concessão, autorização, empreitada de serviço público; o impedimento do livre exercício do voto (cf. Marino, 1999, p.1022).

A Lei n.9.613, de 3 de março de 1998, que trata da lavagem de dinheiro no Brasil, em seu artigo 1º, arrola todos os crimes que entende passíveis de originar capital ou bens, para posterior reciclagem. Indica o crime organizado, mas também menciona várias das modalidades criminosas, em geral, praticadas pelas organizações criminosas, como: I – de tráfico ilícito de substâncias entorpecentes ou drogas afins; II – de terrorismo; III – de contrabando ou tráfico de armas, munições ou material destinado à sua produção; IV – de extorsão mediante sequestro; V – contra a Administração Pública, incluindo a exigência, para si ou para outrem, direta ou indiretamente, de qualquer vantagem como condição ou preço para a prática ou omissão de atos administrativos; VI – contra o sistema financeiro nacional.

A própria Constituição Federal de 1988 também já indica um dos tipos de crime praticados somente por organizações criminosas. Trata-se da ação de grupos armados, civis ou militares, contra a ordem constitucional e o Estado democrático, que constitui crime inafiançável e imprescritível, por força do artigo 5º, inciso XLIV.

Nessa mesma linha de pensamento, já está tramitando o Projeto de Lei do Senado Federal n.3.731/97, que estabelece ser organização criminosa a quadrilha formada para cometer os crimes: a) homicídio; b) tráfico de entorpecentes; c) extorsão; d) contrabando e descaminho; e) tráfico de mulheres e de crianças; f) contra o sistema financeiro, a ordem tributária e econômica e as relações de consumo; e h) peculato doloso.

A enumeração é falha e esquece o jogo do bicho, o roubo de carga de automóvel e as respectivas receptações, mas pode ser aperfeiçoada pela combinação da descrição dos elementos da máfia e de uma enumeração mais ampla.

2
Organização criminosa tradicional

Na pesquisa sobre o crime organizado é interessante a constatação de que inicialmente vários doutrinadores se mostravam céticos quanto à real existência da Máfia. Por todos, basta lembrar a tese de doutoramento de Christopher Duggan (1989, apud Mingardi, 1998, p.29), na Universidade de Oxford, na qual ele sustenta serem infundadas as afirmações sobre a Máfia, tanto na Sicília como nos Estados Unidos.

A *operazione mani pulite* fez aparecerem, contudo, centenas de *pentiti*,[1] até que o contra-ataque mafioso se materializou nos assassinatos do general Carlo Alberto Dalla Chiesa (comandante dos Carabiniere na Sicília e responsável por combater a Máfia de forma heroica), dos juízes antimáfia Giovanni Falcone e Paolo Borselino,[2] apesar de estarem sob forte esquema de

---

1 Buscetta, preso no Brasil, foi o mafioso *pentito* mais conhecido no mundo. Morou nos Estados Unidos, sob forte esquema de proteção, até seus últimos dias de vida. Faleceu em março de 2000.
2 Ver foto em Tognolli & Arbex Júnior (1996, p.111).

proteção (cf. Mingardi, 1998, p.31), além de inúmeros outros mártires.

Não se pode mais negar a existência de poderosas organizações criminosas. Segundo a Ansa New's Agency (cf. Mingardi, 1998, p.50), há inúmeras delas, com um enorme contingente de integrantes, atuando em várias partes do mundo.

O termo máfia representa o gênero do qual são espécies: Cosa Nostra (Sicília), Organizacija (Rússia), Tríade Chinesa (Hong Kong, Taiwan, Pequim), Lobos Cinzas (Turquia), Comando Vermelho[3] e gangsterismo empresarial (Brasil/RJ), Zoodroga (Brasil/SP) (cf. Maierovitch, 1995a, p.64).

Veja, a seguir, as organizações criminosas mais conhecidas, que operam em rede.

A máfia siciliana Cosa Nostra (na Sicília, Itália e Mediterrâneo) é uma das mais antigas organizações criminosas. Há referências oficiais a ela desde 1838, embora os documentos registrem a expressão "irmandade". Posteriormente, em 1863, é apresentada a peça teatral *I mafiusi di la Vicaria* (cf. Mingardi, 1998, p.50). O ritual de iniciação é realizado na presença da imagem de Santa Annunziata, padroeira da Cosa Nostra, cuja festa é comemorada anualmente no dia 25 de março. Segundo depoimento de Leonardo Messina, um *pentito*, o senador Andreotti teria passado pela cerimônia de iniciação (cf. Maierovitch, 1995b, p.100). Seus grandes líderes foram Vito Cascio Ferro, Calógero Vizzini, Salvatore Greco, Gaetano Badalamente, Stefano Bontate, Salvatore Riina (cf. Mingardi, 1998, p.51-2) ou Totó Riina[4] e Bernardo Provenzano (cf. Maierovitch,

---

3 Para um aprofundamento sobre a formação e as atividades do Comando Vermelho, veja-se Amorim (1993).
4 Ver foto em Tognolli & Arbex Júnior (1996, p.112).

1995b, p.104). A venda de proteção no campo caracterizou os velhos tempos da máfia siciliana. Atualmente, ela se estendeu à cidade, sobretudo por meio do controle das autorizações de funcionamento e de alvarás para construções. Suas atividades se diversificaram e abrangem o contrabando, o monopólio do jogo e o tráfico de heroína para a Europa e os Estados Unidos (cf. Mingardi, 1998, p.54). Há, ainda, a Camorra (Campânia, Itália); a Ndrangheta (Calábria, Itália). Os *ndrine* recebem e distribuem a heroína turca com passagem pela Bulgária (cf. Maierovitch, 1995a, p.75); e a Sacra Coroa Unida (Puglia, Itália).

A Cosa Nostra americana, nos Estados Unidos, teve sua estruturação a partir da década de 1920, mas há registros sobre sua atuação desde o final do século XIX, quando, em 1890, foi atribuída a ela a morte do capitão de polícia Hennessey, em New Orleans (cf. Mingardi, 1998, p.54). Há registros de que o desembarque aliado na Sicília, em julho de 1943, somente foi possível após acordo entre a máfia e o governo dos Estados Unidos, revelando uma atuação política, durante a Segunda Guerra Mundial, daquela organização criminosa (cf. Maierovitch, 1995a, p.59). O seu primeiro líder, especialmente depois da lei seca, foi Giuseppe Masseria, seguido por Salvatore Maranzano, Lucky Luciano,[5] Frank Costello, Vito Genovese, Carlo Gambino, Joe Bonanno, Joe Profaci, Meier Lansky e Bugsy Siegel (cf. Mingardi, 1998, p.55-6). Essa organização criminosa se dedicou a inúmeras atividades ilícitas, tais como jogo, prostituição, tráfico de entorpecentes, contrabando, venda ilegal de bebidas e proteção (cf. ibidem,

---

5 Ver foto em Tognolli & Arbex Júnior (1996, p.107).

p.56). Chegou a inspirar o livro e o filme *O poderoso chefão* (cf. Maierovitch, 1995a, p.59).

A Tríade Chinesa (na China, Sudeste Asiático) atua principalmente em Hong Kong, Taiwan e Pequim. É composta por várias organizações criminosas, como Sun Yee On, 14K e Wo Federation, de Hong Kong; United Banboo e Four Seas Band, de Taiwan; Great Circle, China. Calcula-se em 80 mil os criminosos com ela compromissados e com vínculos indissolúveis (cf. Maierovitch, 1995a, p.72). No Japão, Sudeste Asiático, há a Yakusa, cujos primeiros registros sobre sua atuação remontam ao século XVII. Sua origem decorreu da união de dois grupos: Bakuto (jogadores) e Tekiya (vendedores ambulantes). Seu nome decorre da pior combinação possível de um certo jogo de cartas, a sequência 8-9-3, cuja soma é 20, e que em japonês é ya-ku-sa (cf. Mingardi, 1998, p.57). Está envolvida com jogo, prostituição, extorsão, tráfico de entorpecentes e controle de camelôs. Atua por meio das organizações: Toa Yuai Jigio Kumiai, Inagawa Kai, Sumyoshi Rengo Kai e Yamaguchi Gumi (cf. Maierovitch, 1995a, p.74).

A máfia russa (Rússia, Ex-Repúblicas Soviéticas), denominada Organizacija, é formada por 4.500 células criminais e envolve mais de 100 mil homens. Oferece ao mundo, por contrabando, componentes nucleares, gás, petróleo e armas de fogo (cf. ibidem, p.70).

Os cartéis colombianos compõem a máfia na Colômbia, nas Américas. Ela está dividida em núcleos regionais, todos ligados ao tráfico de entorpecentes e ao contrabando: núcleo da costa, núcleo de Antióquia, núcleo Valluno ou Cartel de Cali, núcleo central (cf. Mingardi, 1998, p.58-9).

A máfia nigeriana atua na África, Europa e América. No Brasil, é conhecida pelo tráfico de cocaína, como se infere das inúmeras prisões em flagrante e inquéritos policiais envolvendo pessoas de nacionalidade nigeriana, notadamente no interior do Estado de São Paulo, em aeroportos e no Porto de Santos. Mingardi alerta que pouco se sabe sobre os nigerianos em razão de suas prisões serem realizadas, em regra, pelas polícias estaduais, enquanto apenas a polícia federal estaria em melhores condições de obter informações precisas da polícia nigeriana, para otimizar o combate ao narcotráfico internacional. Se existe rivalidade institucional dentro do próprio país, que impede a troca de informações, isso se dá de maneira mais forte em relação ao exterior (cf. Mingardi, 1998, p.176).

A máfia canadense (no Canadá) está relacionada com a máfia americana, explorando no campo da reciclagem atividades concernentes à construção civil e ao desenvolvimento urbano. Atua principalmente em Toronto, Montreal e Ottawa (cf. Maierovitch, 1995a, p.73).

A máfia polaca e búlgara atuam no Leste Europeu. A máfia polaca dedica-se à exploração de anfetaminas do tipo Ecstasy – drogas sintéticas, estimulantes da atividade do sistema nervoso central (cf. ibidem, p.74); enquanto a distribuição da droga proveniente da Nigéria – via Malta, Índia, Nepal e Tailândia – é feita pela máfia búlgara (cf. ibidem, p.75).

Maierovitch (1995a, p.75) indica, ainda, as seguintes organizações criminosas que operam em rede: Comando Vermelho (Brasil); Bicheiros (Brasil: RJ e SP); Britain Mafia (Reino Unido); Sindicatos do Crime (Venezuela); cartéis mexicanos (Tijuana Cartel e outros); máfia australiana; máfias francesas (Córsega-Marselha).

Uma das principais características da máfia tradicional é o controle territorial (cf. Mingardi, 1998, p.61). É interessante notar que, geralmente, as áreas de controle territorial não são protegidas pelo aparelho estatal, que atua de maneira repressiva e não faz diferença entre o homem comum, que desafortunadamente reside naquela região, e o criminoso que domina o local, o que gera a desconfiança da população em relação ao Estado (cf. ibidem, p.62). Estrategicamente, algumas quadrilhas tentam suprir as necessidades locais,[6] carências materiais em relação às quais o Estado nada faz, bem como a composição de conflitos entre os moradores. Com isso, controlam de certa forma os interesses da comunidade (cf. ibidem, p.63).

Em razão desse perfil do crime organizado, não se pode, entretanto, afirmar que há um Estado paralelo, mas apenas uma visibilidade da área de atuação da organização, a qual mantém relações com diversos funcionários públicos, cuja colaboração é imprescindível (cf. ibidem, p.64-5).

O relacionamento da organização criminosa com o aparelho estatal se tornou uma de suas características. Tal contato, pelo menos com o aparelho repressivo, se dá seja na forma de deliberada impunidade dos delinquentes seja por meio do clientelismo, mediante o qual são obtidas licenças para os destinatários dos serviços da organização, ou outros favores de órgãos públicos.

Mingardi (1998, p.74) cita, como exemplo da promiscuidade entre os aparelhos do Estado e da criminalidade organizada, a relação entre a polícia e o tráfico de entorpecentes. Relata que, em suas pesquisas, pôde constatar que o delito mais comum cometido por policiais corruptos, durante a apreensão de entorpecente, é o de soltar o preso mediante o pagamento de certa

---

6 Ver Amorim (1993, p.184-5): a antepenúltima foto, publicada pelo *Jornal do Brasil* em 25.3.1991, mostra favelados recebendo resgate do Comando Vermelho em comida.

importância em dinheiro, ou o de retirar parte da droga, para venda posterior, substituindo-a por substância parecida com a que seria remetida para exame toxicológico. Menciona, ainda, o denominado "carnê", utilizado pelo policial que, todos os meses, passa em um ponto de distribuição de drogas para receber uma importância previamente combinada. Revela que a propina é legalizada, por meio do artifício de ser o dinheiro entregue pelo preso considerado honorário advocatício, enquanto o advogado o repassa aos corruptos, inviabilizando eventual denúncia de corrupção.

Mingardi (ibidem, p.76) afirma existir uma espécie de socialização institucional na polícia, aceitando-se certos graus de corruptibilidade. A socialização pode ser voluntária ou compulsória. O policial que aderir ao comportamento dos demais colegas é aceito, mas, na hipótese contrária, é marginalizado. Relata, também, que na CPI da Assembleia Legislativa paulista, já mencionada, o ex-informante da polícia conhecido como "Zezinho do Ouro" revelou que um funcionário do Deic, de nome Cláudio, pagava a alguns delegados para que o permitissem ficar com uma viatura policial à sua disposição, sem que precisasse registrar a forma de utilização do veículo (cf. ibidem, p.121).

Após analisar as características comuns às várias organizações criminosas já conhecidas, Mingardi divide o crime organizado em duas espécies: o tradicional e o empresarial (que será objeto do capítulo seguinte). Define o crime organizado tradicional como o praticado por um grupo de pessoas voltadas para atividades ilícitas e clandestinas, com hierarquia própria, valendo-se de violência e intimidação, para impor a lei do silêncio e dominar certo território, além de contar com a proteção de setores do Estado e possuir um sistema de clientelismo (cf. ibidem, p.82).

3
Organização criminosa empresarial

Na CPI da Assembleia Legislativa paulista, cujo relator foi o deputado Elói Pietá, o coronel Claudionor Lisboa, comandante da Polícia Militar do Estado de São Paulo, afirmou existir o crime organizado no Estado, com organização empresarial, estrutura definida, hierarquia própria e objetivos específicos (cf. Mingardi, 1998, p.37).

O traço marcante desse tipo de organização criminosa é o emprego de métodos empresariais na atividade delinquencial, abandonando-se preocupações com a honra e a lealdade. Suas principais atividades são o jogo, o tráfico, a lavagem de dinheiro e a receptação (cf. ibidem, p.89).

Muito embora o jogo do bicho seja mera contravenção, não se adequando à definição legal de crime organizado, porquanto a Lei n.9.034/95 restringe-se à ação de quadrilha ou bando que caracterize "crime", pode-se associar a esse tipo de jogo inúmeros outros delitos praticados para assegurar sua continuidade, como corrupção, homicídios, lavagem de dinheiro e mesmo tráfico de drogas (cf. ibidem, p.106-7).

O narcotráfico tem sido um dos principais crimes praticados por organizações criminosas no Estado de São Paulo, onde, segundo Mingardi, se tem pelo menos quatro níveis de traficantes de cocaína e derivados (cf. ibidem, p.153): a) *grande traficante*, atacadista que pode comprar mais de 250 quilogramas de cocaína de uma só vez; b) *médio traficante*, que atua no varejo e no atacado, podendo comprar até 250 quilogramas de droga, valendo-se da corrupção de policiais, com advogado fixo; c) *pequeno traficante*, varejista que trabalha com menos de 10 quilogramas de entorpecente; e d) *microtraficante*, aquele que normalmente vende pequenas porções de cocaína ou crack, efetivamente por meio de ação individualizada.

Aliás, destaca Cervini Sándrez (1995, p.136) que o maior custo social proveniente do narcotráfico organizado se refere ao impressionante aparato de corrupção que ele promove nas esferas oficiais e privadas, facilitada pela vultosa quantidade de dinheiro à sua disposição.

Também o roubo e a receptação de cargas têm sido objeto da criminalidade organizada, com a participação obrigatória de policiais, que até garantem a segurança da *res furtiva* para assegurarem sua "desova" ao receptador.

Mingardi (1998, p.125) divide a estrutura da organização de roubo de cargas basicamente em setor de cobertura, formado por advogados e policiais; setor operacional, constituído pelos ladrões, olheiros ou informantes e trabalhadores braçais; e setor de comercialização, que abrange os donos de armazéns ou galpões e grandes empresas comerciais, responsáveis pela aquisição do produto da organização.

No Brasil, segundo Tognolli & Arbex Júnior (1996, p.78-9), existe também a organização criminosa, pouco conhecida, denominada Scuderie Le Cocq, fundada no Rio de Janeiro em 1964, depois do assassinato do detetive Milton Le Cocq. Somente no Rio de Janeiro essa organização possui cerca de 3.800 associados, sendo comandada pelo delegado de polícia civil Luiz Mariano. O braço mineiro é chefiado pelo inspetor de polícia José Maria de Paulo. No Cartório de Registro de Notas de Vitória, localizado na Praça Costa Pereira, está grafado entre as páginas 531 e 541 da ata de registros cartoriais que a Scuderie é "Uma instituição benemérita e filantrópica, sem fins lucrativos, com o objetivo de servir à comunidade". Entre seus objetivos constam "combater a criminalidade em geral, combater aos tóxicos de forma específica e prestar socorro à sociedade em momentos difíceis". Nos últimos cinco anos, a Scuderie Le Cocq tem sido formada por um grupo de policiais civis e militares, frequentadores do Clube Náutico Brasil, no Espírito Santo. Sua principal ação é o extermínio de pessoas envolvidas com a criminalidade.

4
Redescobrindo o Ministério Público

O papel do Ministério Público na Itália é reconhecidamente decisivo no combate ao crime organizado. Naquele país, salvo as próprias organizações criminosas, não há instituições travando disputas corporativas com o *parquet*,[1] ou tentando enfraquecê-lo, para ocupar seus espaços.[2] Talvez isso se dê em virtude de seu

---

[1] *Parquet*: expressão muito usada em referência ao Ministério Público, proveniente da tradição francesa, como "magistratura de pé" e *les gens du roi*. Os procuradores do rei (daí *les gens du roi*), antes de adquirirem a condição de magistrados e de terem assento ao lado dos juízes, tiveram inicialmente assento sobre o assoalho (*parquet*) da sala de audiências, em vez de terem assento sobre o estrado, lado a lado à "magistratura sentada". Conservaram, entretanto, a denominação de *parquet* ou de *magistrature débout* (cf. Goyet, *Le Ministère Public*, apud Mazzilli, 1989, p.52). (N. E.)

[2] No relatório do Comitê Kefauver (1951, p.200) sobre o crime organizado nos Estados Unidos, consta que um dos fatores que impediam um eficiente combate das organizações criminosas

modelo, porquanto o Ministério Público italiano e o Poder Judiciário compõem uma única instituição, podendo um membro cambiar de um órgão para outro, bem como reverter ao anterior. Há um único concurso para ingresso; somente haverá distinção no momento do exercício funcional, sendo todos magistrados.[3]

Bem delimitados os papéis institucionais, não existem *lobbies* legislativos para que a polícia assuma funções do Ministério Público. Aliás, este preside determinadas investigações, sem que isso signifique a prescindibilidade do delegado ou do chefe de polícia, nem de advogados ou de juízes de direito incomodados com os "poderes" atribuídos aos *procuratores*. Os únicos que eventualmente atuam buscando o enfraquecimento do Ministério Público são os membros de organizações criminosas.

A lei italiana n.82/91 estabeleceu que, nos crimes de extorsão mediante sequestro, o Ministério Público deve requerer o arresto dos bens da vítima, e de seus familiares e afins que convivam com aquela, colimando impedir a sua utilização para o pagamento do resgate (cf. Grinover, 1995b, p.17).

Segundo a referida lei, incumbe ao Ministério Público, outrossim, a determinação para o retardamento

---

era o fato de o *Sherif* atuar sozinho e de forma independente, sem conjugar esforços com outras agências, enquanto o promotor de Justiça Distrital ou Estadual ora atuava com a polícia ora contra a polícia e o *Sherif*.

3 Foi nesse sentido a palestra proferida pelo Dr. Cataldo Motta, "Procuratore del Publico Ministerio di Lecce", na região da Púglia, no Seminario Internazionale "Evoluzione e differenziazione del sistema giuridico", realizado pela Università degli Studi di Lecce, no período de 25 a 29 de janeiro de 2000.

de medidas cautelares como a prisão, podendo a ordem ser verbal, na hipótese de urgência, com subsequente formalização e motivação (cf. ibidem, p.18).

No tocante ao programa italiano de proteção aos colaboradores da justiça, determina a Lei n.82/91 que cabe ao Ministério Público autorizar a fixação do novo domicílio do protegido junto a pessoa de confiança ou a estabelecimento policial, mesmo para efeitos de citações, notificações e intimações. Também cabe ao Ministério Público autorizar a polícia a prender as pessoas a serem protegidas, em local diverso do estabelecimento penal, até a definição do respectivo programa especial de proteção (cf. ibidem, p.19).

A Lei n.8/92 instituiu, no âmbito do Ministério Público italiano, a "Superprocuradoria", visando à coordenação das investigações em processos contra o crime organizado, ampliando as hipóteses de conexão. Inseriu também normas no Código de Processo Penal referentes ao "procurador nacional antimáfia" (cf. ibidem, p.22).

Foram introduzidas alterações no Código de Processo Penal italiano, a partir de 1988, com a instrumentalização do combate ao crime organizado, notadamente em relação ao Ministério Público. No artigo 347 do CPP foi substituído o inciso 1, introduzido o inciso 2-bis e alterado o inciso 3, para acelerar a transmissão da notícia da infração penal e da respectiva documentação pela polícia diretamente ao Ministério Público. Os artigos 360, 362, 370 e 373 sofreram modificações de forma a potencializar as atividades investigatórias do Ministério Público. No tocante aos artigos 405 e 406, foram ampliados para seis meses os prazos para pedido de prorrogação do encerramento das investigações e para o oferecimento de denúncia em relação a determinados crimes (cf. ibidem, p.25).

Ao contrário do que ocorreu na Itália, o que muitos não querem ver no Brasil é o fortalecimento do Ministério Público para o combate ao crime organizado. Inspiram-se no bem-sucedido contra-ataque à máfia naquele país, mas omitem um fator decisivo para que a repressão vingasse.

A luta antimáfia apresentou expressivos resultados positivos, em razão da adequada reestruturação do Ministério Público e da polícia judiciária, que auxilia o *parquet* e por ele é supervisionada, estabelecendo uma eficaz atuação investigativa e de obtenção de informações. Aliás, a famosa operação *mani pulite* foi encabeçada pelo Ministério Público e, desde o seu início, aplaudida incondicionalmente pela população, muito embora com o tempo tenham surgido críticas de advogados e juristas concernentes aos exageros constatados nos encarceramentos preventivos (cf. ibidem, p.27-8).

Um dos grandes fatores que concorrem para a impunidade do crime organizado no Brasil é decorrência do desaparelhamento do Ministério Público e da polícia judiciária para o seu combate adequado (cf. Mingardi, 1998, p.183). Faltam, por exemplo, peritos contadores em número suficiente e com qualificação para discutir com grandes escritórios de consultoria que atuam na defesa de lavadores de dinheiro (cf. ibidem, p.187).

O maior pecado da lei brasileira n.9.034/95 foi ter atribuído ao juiz o papel de investigador, vulnerando o modelo acusatório ao incumbi-lo da guarda da prova secreta, com a violação de inúmeros princípios constitucionais (cf. Fernandes, 1995c, p.52).

O referido diploma legal olvidou que o Ministério Público tem funções institucionais, por mandamento constitucional, que fortaleceriam o combate ao crime organizado, atuando junto com a polícia judiciária. O Ministério Público é o *dominus litis*, e toda prova que se realiza antes da ação penal é a ele destinada, para o seu convencimento sobre a prática do crime e de sua autoria, permitindo o oferecimento de denúncia.

De que adianta o juiz saber que existem provas secretas da ação de uma organização criminosa, se elas não puderem ser usadas para a sua caracterização? Ele jamais se valerá do seu conhecimento se o Ministério Público promover o arquivamento do inquérito e, mesmo que não acolha tal promoção, remetendo os autos ao procurador geral, nos moldes do artigo 28 do Código de Processo Penal, este confirmará o requerimento de arquivamento, por também desconhecer o conteúdo de tais provas secretas.

Em contrapartida, como a autoridade policial poderá presidir as investigações que serão encaminhadas ao Ministério Público para a propositura da ação penal se desconhece o conteúdo das provas secretas? Em nada auxiliará o Ministério Público, além de passar a imagem de comprometedor da persecução criminal, por não ter sido colhido o material probatório ao exercício da ação penal, pelo *parquet*.

Esqueceu-se também da função institucional do Ministério Público, concernente ao controle da atividade policial, estabelecido pelo artigo 129, inciso VII, da Constituição Federal de 1988, por meio da qual deve o Ministério Público fiscalizar a atividade da polícia judiciária, recebendo comunicação da autoridade policial sobre ações tendentes ao combate do crime organizado, e, se for o caso, acompanhando-as, além de enviar ao *parquet* relatórios de investigações, cópia de autos de prisão em flagrante e representações para medidas legais ou administrativas, mais eficazes do ponto de vista da colheita de provas.

Isso já é possível por força de dispositivo constitucional e deveria o legislador não somente observar o modelo acusatório para a ação penal, mas também concretizar o controle externo da atividade policial, previsto pela Constituição Federal de 1988, e pelas leis orgânicas nacionais e estaduais do Ministério Público, pondo fim a disputas corporativas, notadamente em relação ao combate ao crime organizado.

O que não se pode fazer é permitir, por exemplo, a ação policial relativa à criminalidade organizada sem nenhum controle, até mesmo da instituição incumbida pela Constituição do seu controle externo. Essa situação não só permite arbitrariedades policiais, como poderá transformar-se em desculpa para policiais prevaricadores, além de ser incompatível com o Estado democrático de direito. Em nenhum Estado democrático se permite a atuação policial sem nenhum controle, além do próprio, que é interno e, portanto, sujeito aos vícios corporativos.

A redescoberta do papel constitucional do Ministério Público na persecução criminal é inadiável, no que concerne ao combate ao crime organizado. Nesse sentido, o Projeto de Lei n.3.731/97 do Senado Federal retoma o curso da evolução jurídica brasileira e atribui ao Ministério Público, na apuração dos crimes praticados por organizações criminosas, a instauração de procedimento investigatório de natureza inquisitiva, sigilosa e informal, para colher elementos de prova, sem a interveniência do Poder Judiciário. No curso de inquérito policial o *parquet* poderá entregar o expediente à autoridade policial, para a apuração definitiva dos crimes organizados.

5
Provas ilícitas

A Constituição Federal brasileira de 1988 estabeleceu em seu artigo 5º, inciso LVI, serem inadmissíveis, no processo, as provas obtidas por meios ilícitos.

Preliminarmente, deve-se observar que as provas não são ordinariamente proibidas, mas elas se tornam inócuas se obtidas por meios ilícitos. Ou seja, a sua produção não está vedada, mas se não forem observadas as prescrições legais aqueles elementos de convicção não serão aproveitados. Como meios de provas devem ser entendidas todas as suas modalidades: testemunhos, perícias, acareações, reconhecimentos, exames periciais, inspeção judicial e documentos.

O Código de Processo Penal brasileiro, em seu artigo 233, proíbe expressamente a admissão em juízo de cartas particulares, interceptadas ou obtidas por meios criminosos. A seu turno, o Código de Processo Penal italiano de 1988, em seu artigo 191, veda expressamente a admissão de provas obtidas de forma ilegítima, podendo a sua inutilizabilidade ser declarada em qualquer fase e grau de jurisdição.

Tais limitações se justificam para assegurar um mínimo ético ao processo, evitando as ingerências estatais e a própria produção de provas pelas partes (cf. Avolio, 1995).

Avolio distingue provas ilegítimas das provas ilícitas. Sustenta que as primeiras são aquelas excluídas pela própria legislação processual, com natureza apenas formal, exemplificando com a proibição de depor em virtude de sigilo profissional,[1] ou a contradita ao depoimento de parentes e afins do acusado.[2] Em contrapartida, define as provas ilícitas como aquelas colhidas por meio da violação de normas ou princípios de direito material, porquanto relacionadas às liberdades públicas e, principalmente, aos princípios constitucionais, como o da dignidade da pessoa humana.

No período em que os dogmas do livre convencimento e da verdade real eram valores quase absolutos, não se preocupavam os juristas com os meios de obtenção das provas, admitindo-se mesmo aqueles considerados ilícitos. Alguns fundamentavam essa postura no interesse da coletividade na punição dos delitos, enquanto outros davam primazia ao princípio da verdade real (cf. ibidem). Entre os italianos chegou a prevalecer o axioma *male captum, bene retentum*.

Modernamente, contudo, a tendência é a inadmissibilidade de todas as provas obtidas por meios ilícitos, salvo se beneficiarem o réu, no sentido de que a verdade real conhecida por essa forma deve prevalecer, em homenagem à liberdade da pessoa humana. É in-

---

[1] Cf. artigo 207 do Código de Processo Penal brasileiro.
[2] Cf. artigo 206 do Código de Processo Penal brasileiro.

teressante notar que nessa hipótese dificilmente se poderá cogitar punir a violação que resultou na obtenção da prova, uma vez que se poderá sustentar a causa de exclusão da ilicitude, consistente no estado de necessidade de produzir provas defensivas, ante o perigo iminente de privação da liberdade ou patrimônio (penas pecuniárias).

Nesse sentido, foi estabelecida a Súmula 50, elaborada por uma das mesas de processo penal realizadas sobre o tema, pelo Departamento de Direito Processual da Faculdade de Direito da Universidade de São Paulo: "Podem ser utilizadas no processo penal as provas ilicitamente colhidas, que beneficiem a defesa" (Avolio, 1995).

O tema "provas ilícitas" tem suscitado outros dois importantes debates: a) o princípio da proporcionalidade; e b) as provas ilícitas por derivação.

O princípio da proporcionalidade, que tem raízes aristotélicas, ganhou expressão nos estudos de Direito Administrativo, notadamente sobre o "poder de polícia", como limitação da liberdade individual. Sua transposição para o Direito Constitucional foi concretizada pelo Tribunal Constitucional alemão, por meio de reiteradas decisões em matéria relacionada à atividade estatal, empregando termos como "excessivo", "inadequado", "necessariamente exigível", até vedar os excessos (cf. ibidem).

Uma crescente corrente doutrinária tem preconizado a aplicação da teoria da proporcionalidade ou da razoabilidade, que também é denominada "Teoria do balanceamento ou da predominância dos interesses", procurando relativizar a vedação concernente às provas obtidas por meio ilícito. Para tanto, sustentam que, diante de um caso concreto, devem ser sopesados os valores constitucionais envolvidos, escolhendo-se os que devem preponderar.

Existe certo consenso quanto à utilização das provas ilícitas em benefício do réu,[3] principalmente por envolver o direito constitucional à liberdade e não ser razoável a exclusão de uma prova de inocência ou de circunstância favorável ao réu por ter sido obtida ilicitamente, preferindo-se uma verdade formal, que contraria a realidade dos fatos. Conquanto seja lícita a atividade persecutória do Estado, o réu se vê diante de um verdadeiro dilema: observa as regras do jogo, com o risco de ser condenado, ou as quebra para comprovar sua inocência.

A relativização da exclusão da prova que envolva um meio ilícito na sua obtenção torna-se mais debatida e longe de uma posição francamente majoritária, quando se trata de provas ilícitas por derivação.

A jurisprudência norte-americana construiu a teoria denominada *fruits of the poisonous tree doutrine*, afastando também a utilização das provas ilícitas por derivação (cf. Avolio, 1995). Baseada nessa doutrina, cresceu a corrente que torna equivalentes as provas lícitas e as ilícitas (mas somente as que foram obtidas a partir das primeiras).

Nessa linha doutrinária, o Supremo Tribunal Federal brasileiro, julgando o *Habeas Corpus* n.73.351-SP, aplicou essa teoria entendendo que a escuta telefônica realizada antes da regulamentação do artigo 5º, inciso XII, o qual a permite por meio de autorização judicial, tratava-se de prova ilícita, que contaminava todos os

---

[3] Nesse sentido, é a Súmula n.50 das mesas de processo penal, realizadas pelo Departamento de Direito Processual da Faculdade de Direito da Universidade de São Paulo.

outros elementos probatórios, coligidos e oriundos, direta ou indiretamente, das informações obtidas por aquele meio. No mesmo sentido, com votação por maioria, foi o julgamento do *Habeas Corpus* n.72.588-PB, de 12 de junho de 1996.[4]

É lapidar o voto do ministro Sepúlveda Pertence por ocasião da decisão plenária do Supremo Tribunal Federal atinente ao *Habeas Corpus* n.69.912-RS, publicado no *Diário da Justiça* de 26 de novembro de 1993,[5] condensando brilhantemente a temática das provas ilícitas e que, por isso mesmo, merece ser transcrito:

> 1 os problemas jurídicos atinentes à inadmissibilidade processual e às consequências da admissão indevida, no processo, das provas ilícitas – da barbárie primitiva da tortura física à sofisticação tecnológica da interceptação telefônica –, ainda geram controvérsias doutrinárias e vacilações jurisprudenciais nos ordenamentos de maior tradição cultural.
>
> 2 no Brasil, porém – sobretudo, a partir da Constituição –, o direito positivo deu resposta explícita às questões fundamentais do tema, antes que elas se tornassem objeto de sedimentação doutrinária e da preocupação frequente dos tribunais.
>
> 3 não é que, nestas bandas, a persecução penal, algum dia, tivesse sido imune à utilização das provas ilícitas. Pelo contrário, a tortura, desde tempos imemoriais,

---

4 O referido artigo 5º, inciso XII, da Constituição Federal de 1988, foi regulamentado pela Lei n.9.296, de 24 de julho de 1996, pondo por terra toda a argumentação sobre a falta de regulamentação que permitisse a autorização judicial da escuta telefônica. Alguns autores entendiam possível referida prova, mesmo antes da citada regulamentação, com fundamento no Código de Telecomunicações, que previa a quebra do sigilo telefônico.

5 Cf. *Boletim do Supremo Tribunal Federal*, n.36, 17-21 jun. 1996.

continua sendo a prática rotineira da investigação policial da criminalidade das classes marginalizadas, mas a evidência da sua realidade geralmente só choca as elites, quando, nos tempos de ditadura, de certo modo se democratiza e violenta os inimigos do regime, sem discriminação de classe.

4 de sua vez, é notório que a escuta telefônica foi amplamente utilizada, sob o regime autoritário, pelos organismos de informação e de repressão política: a questão de sua ilicitude não se constituiu, porém, senão rarissimamente, em tema de discussão judicial, fosse pela vigência exclusivamente nominal das garantias constitucionais, fosse porque, de regra, efetivada clandestinamente, poucas vezes a "degravação" das conversas telefônicas interceptadas tenha sido levada aos autos dos processos.

5 a primeira indagação jurídica que o tema propõe diz com a caracterização da ilicitude da prova ou de sua produção.

6 o art. 5º, XII, da Constituição, na linha predominante no direito comparado, garantiu, em princípio, a inviolabilidade do sigilo das comunicações privadas em geral, mas delas excetuou o das comunicações telefônicas, quando a interceptação se efetivasse, "por ordem judicial, nas hipóteses e na forma que a lei estabelecer para fins de investigação criminal ou instrução processual penal".

7 a ressalva não constava da Carta de 69, que, no art. 153, § 9º, limitara-se a afirmar inviolável "o sigilo da correspondência e das comunicações telegráficas e telefônicas".

8 de seu turno, sob a Constituição de 1946, o consenso doutrinário reputava compreendidas as comunicações telefônicas na garantia, do art. 141, § 6º, à inviolabilidade do "sigilo da correspondência" (v.g., Pontes de Miranda, comentários, ed. 1953, IV/163).

9 não obstante, nas decisões impugnadas, considerou-se satisfeita a reserva de lei do art. 5º, XII, da Constituição atual, por força da recepção do art. 57, II, e, do C. Bras. de telecomunicações (l. 4.117/62), que prescreve não constituir crime de violação de telecomunicação "o conhecimento dado ... ao juiz competente, mediante requisição ou intimação deste".

10 de logo, não me parece que o dispositivo consagrasse a genérica possibilidade de escuta telefônica, ainda que mediante autorização judicial, interpretação essa que, à vista da lei fundamental da época, o faria inconstitucional desde a origem, afastando, de logo, a hipótese de sua recepção.

11 ao contrário, à minha leitura, o que o código, no preceito lembrado, erigiu em excludente de criminalidade foi a transmissão ao juiz competente do resultado de interceptação já efetivada, o que pressupunha obviamente a licitude da escuta, que, no regime de 1946 e nos subsequentes, se cingia, em princípio, às hipóteses do estado de sítio e similares (cf/46, art. 207 e 209, parág. único, I; cf/67, art. 152, § 2º, e; cf/69, art. 156, § 2º, f).

12 de resto, se se concede, para argumentar, a interpretação postulada para a norma invocada e, com essa interpretação, se supõe a sua validade originária e a sua sobrevivência aos textos constitucionais intercorrentes, o certo é que seguramente não satisfaz à reserva da lei, reclamada no art. 5º, XII, da Constituição vigente, para legitimar a interceptação telefônica na investigação criminal.

13 o primeiro acórdão questionado buscou respaldo doutrinário em Ada Pellegrini Grinover (*liberdades públicas e processo penal* – as interceptações telefônicas, Saraiva, 1976, p.306), que – embora tenha escrito a sua tese sobre o assunto sob a Carta de 69, que não continha a ressalva final do art. 5º, XII, da atual –, sustentou o caráter não absoluto da garantia da inviolabilidade do

sigilo da comunicação telefônica, nas hipóteses em que a escuta fosse autorizada por lei para a salvaguarda de outras garantias e valores constitucionais.

14 não é hora de aprofundar a discussão a respeito, que, de resto, sob o regime constitucional vigente, tem unicamente interesse histórico-doutrinário.

15 o que é certo é que, à luz do texto de 1988, a douta e renomada jurista repele explicitamente a pretendida recepção, para os fins do art. 5º, XII, do referido art. 57 do código de telecomunicações ("interceptações telefônicas e gravações clandestinas no processo penal", em *Novas Tendências do Direito Processual*, Forense Universitária, 1990, p.60, 80):
"evidente que enquanto não vier a lei a estabelecer as hipóteses e a forma em que as interceptações poderão ser permitidas, não haverá, por enquanto, como ordená-las, pois o código de telecomunicações nada especifica, não suprindo a ausência de lei específica".

16 na mesma linha, citada no parecer da procuradoria-geral, a fundada opinião de Tourinho Filho (*Processo Penal*, 1990, 3º/212), em réplica a Damásio de Jesus (C. Pr. Pen. Anotado, 7ª, p.636).

17 o direito comparado prestigia essa recusa da doutrina à pretendida recepção, no ponto, do C. Bras. de Telecomunicações: na América do Norte, como na Europa, as leis que regem a autorização judicial à escuta telefônica para fins de investigação criminal, fiéis à natureza de exceção à garantia constitucional que a permissão há de ter, são todas minuciosas, começando pela enumeração taxativa dos delitos cuja repressão possibilitará, em tese, a interceptação e determinam disciplina procedimental rígida do pedido, da autorização e da execução de diligência, de modo a restringi-la ao estritamente necessário.

18 ao contrário, a pretendida recepção do art. 57, II, e, C. Bras. Telecomunicações, com a inteligência que

se lhe quer emprestar, esvaziaria por completo a garantia constitucional, na medida em que a faria vulnerável a toda a forma de arbítrio judicial, como a que o caso concreto revela.

19 de resto, no caso concreto, a total ausência de motivação da autorização judicial – violando outra garantia explícita do *due process* (cf, art. 93, IX) – bastaria para firmar a ilicitude da prova colhida, que, para mim, sob vários prismas, é de evidência palmar.

20 a segunda indagação que o problema da prova ilícita sugere tem dado margem alhures a polêmicas fascinantes: é a que respeita à repercussão ou não da ilicitude da produção extrajudicial da prova sobre a sua admissibilidade no processo.

21 a discussão contrapõe os que extraem da ilicitude da prova a sua inadmissibilidade processual – a exemplo de Holmes, na *jurisprudência americana* (apud Ada Grinover, ob. cit., p.136) e, na Itália, Nuvolone ("Le prove vietate nel processo penale nei paesi di diritto latino", de 1966, em Trent' Anni di Diritto e Procedura Penale, 1969, I/501) –, aos que entendem que a ilicitude na obtenção da prova esgota seus efeitos na responsabilidade e na punição dos agentes, sem nenhum reflexo na admissibilidade processual das evidências resultantes – tese que teve, por exemplo, nos Estados Unidos, o prestígio da adesão de Cardozo (apud Ada Grinover, ob. cit, p.136) e, na Itália, a brilhante sustentação dogmática de Franco Cordero ("Prove illecite nel Processo Penale", *Riv. Italiana Dir. e Proced. Penale*, 1961, fasc. 1/32).

22 no Brasil, contudo, a inadmissibilidade da prova captada ilicitamente já se firmara no Supremo Tribunal, antes da Constituição, seja no Processo Civil (RE 85.439, 11.11.77, Xavier, RTJ 84/609; RE 100.094, 28.6.84, Mayer, RTJ 110/798), seja na investigação criminal (HC 63.834, 18.12.86, Borja, RTJ 122/47). e a Constituição de 1988 explicitou peremptoriamente, no art. 5º, LVI, que "são

inadmissíveis, no processo, as provas obtidas por meios ilícitos". No ponto, *legem habemus*: toda a discussão a respeito terá, no Brasil, sabor puramente acadêmico.

23 o que resta, pois, sem solução expressa na Constituição – e de relevo decisivo no caso – é a terceira questão, atinente às consequências processuais da admissão no processo, não obstante a proibição constitucional ou legal, da prova ilicitamente obtida.

24 a tese subjacente ao parecer da procuradoria-geral é que a admissão da prova vedada não gerará a nulidade do processo, se a condenação não estiver fundada exclusivamente nela: bastaria, como está expresso no parecer do Dr. Mardem Costa Pinto, a referência da sentença à existência de outras provas, para, pelo menos na via de controle de legalidade do *habeas corpus*, já não ser possível, da evidência da inclusão, no processo, de uma prova ilícita, extrair a nulidade da condenação.

25 *data venia*, levada às últimas consequências, o entendimento tolheria inteiramente a eficácia da garantia constitucional.

26 por isso, de minha parte, não iria além de conceder que a admissão da prova ilícita só não induz nulidade, quando irrelevante por seu objeto ou, então, quando se pudesse afirmar seguramente que outras provas, colhidas independentemente da existência daquela proibida, bastariam à condenação.

27 não é, entretanto, o que se passa no caso.

28 a leitura da sentença convence, por si só, de que a "degravação" das interceptações telefônicas, com a juntada da qual se inicia o inquérito, foi seguramente a prova decisiva, imprescindível: seja por seu conteúdo próprio, seja porque muito do que se colheu após a escuta – a começar da apreensão da droga e da prisão dos acusados – foi consequência das informações obtidas pela gravação clandestina das conversas telefônicas.

29 leio a sentença (f. 26/30): ...

30 e seguem-se mais duas páginas de transcrição das conversas telefônicas.

31 desse modo, sem necessidade de reexame de questões de fato, o caso demanda a aplicação da doutrina que a melhor jurisprudência americana constituiu sob a denominação de princípios dos *fruits of the poisonous tree*: é que às provas diversas do próprio conteúdo das conversações telefônicas interceptadas só se pode chegar, segundo a própria lógica da sentença, em razão do conhecimento delas, isto é, em consequência da interceptação ilícita de telefonemas.

32 numa das suas últimas versões, em Wong Sun vs United States (371 us 471, 487 (1962), a decisão, da lavra do Justice Brennan, resumiu a doutrina e a aplicou ao caso, no qual se concluiu que somente as declarações ilicitamente colhidas de um dos corréus (toy) é que haviam possibilitado a apreensão da droga em poder de outro (yee), de modo que a ilegalidade da primeira se comunicava à prova material e induzia à sua inatendibilidade. verbis:

"We now consider whether the exclusion of toy's declarations requires also the exclusion of the narcotics taken from yee, to which those declarations led the police. the prosecutor candidly told the trial court that 'we wouldn't have found those drugs except that mr. toy helped us to.' hence this is not the case envisioned by this court where the exclusionary rule has no application because the government learned of the evidence 'from an independent source,' Silverthorne Lumber Co. v. United States, 251 u.s.385, 392; nor is this a case in which the connection between the lawless conduct of the police and the discovery of the challenged evidence has 'become so attenuated as to dissipate the taint.' Nardone v. United States, 308 u.s.338, 341. we need not hold that all evidence is 'fruit of the poisonous tree' simply because it would not have come to light but for the illegal actions of the police.

rather, the more apt question in such a case is 'whether, granting establishment of the primary illegality, the evidence to which instant objection is made has been come at by exploitation of that illegality or instead by means sufficiently distinguishable to be purged of the primary taint.' Maguire, evidence of guilt, 221 (1959). we think it clear that the narcotics were 'come at by the exploitation of that illegality' and hence that they may not be used against toy."

33 estou convencido de que essa doutrina da invalidade probatória do *fruit of the poisonous tree* é a única capaz de dar eficácia à garantia constitucional da inadmissibilidade da prova ilícita.

34 de fato, vedar que se possa trazer ao processo a própria "degravação" das conversas telefônicas, mas admitir que as informações nela colhidas possam ser aproveitadas pela autoridade, que agiu ilicitamente, para chegar a outras provas, que sem tais informações não colheria, evidentemente, é estimular e, não, reprimir a atividade ilícita da escuta e da gravação clandestina de conversas privadas.

35 nossa experiência histórica, a que já aludi, em que a escuta telefônica era notória, mas não vinha aos autos, servia apenas para orientar a investigação, é a palmar evidência de que, ou se leva às últimas consequências a garantia constitucional ou ela será facilmente contornada pelos frutos da informação ilicitamente obtida.

36 na espécie, é inegável que só as informações extraídas da escuta telefônica indevidamente autorizada é que viabilizaram o flagrante e a apreensão da droga, elementos também decisivos, de sua vez, na construção lógica da imputação formulada na denúncia, assim como na fundamentação nas decisões condenatórias.

37 dada essa patente relação genética entre os resultados da interceptação telefônica e as provas subsequentemente colhidas, não é possível apegar-se a essas últimas – frutos da operação ilícita inicial – sem, de fato, emprestar relevância probatória à escuta vedada.

38 desse modo, não vejo, sem infidelidade aos princípios, como fugir da nulidade radical do procedimento, nele incluídos o inquérito e a prisão em flagrante.

Nesses termos, defiro a ordem: é o meu voto.

O referido voto foi acompanhado pelo dos ministros Francisco Rezek, Ilmar Galvão, Marco Aurélio e Celso de Mello. Contudo, a maioria dos ministros votou pelo indeferimento do *Habeas Corpus*, dentre eles os ministros Carlos Velloso, Paulo Brossard, Octávio Gallotti, Sydney Sanches, Néri da Silveira e Moreira Alves. Posteriormente, verificou-se o impedimento de um dos ministros, que havia votado com a corrente vencedora e, por isso, o julgamento foi renovado, sendo deferido o *writ*,[6] por empate na votação.

Como a Constituição Federal brasileira silenciou-se quanto às provas derivadas de provas obtidas por meio ilícito, a tese dominante é a de restringir a proibição, aproveitando-se as provas derivadas, sobre o fundamento de que a busca da verdade real pode ser frustrada por artimanhas defensivas, que de má-fé provocassem irregularidades que seriam invocadas como meios ilícitos, pelos próprios causadores da ilicitude (cf. Avolio, 1995).

É frágil o citado argumento, havendo uma corrente intermediária, mais consistente, para admitir que o processo penal não deva ser declarado nulo, quando, a despeito da produção de prova ilícita, esta não for exclusiva ou determinante do deslinde processual, baseando-se o convencimento do juiz em outros elementos de convicção.

---

6 *Writ*: termo jurídico para designar documento, édito, edital, intimação. Neste caso, refere-se ao *Habeas Corpus* concedido. (N. E.)

6
Quebra de sigilo[1]

O direito processual penal moderno tem convivido com o denominado princípio da proporcionalidade, segundo o qual deve-se estabelecer um equilíbrio entre as garantias constitucionais contra o aparelho repressivo estatal e a efetiva concretização da segurança social, especialmente em relação à criminalidade organizada (cf. Fernandes, 1995c, p.32).

A Lei n.9.034/95 cuidou, no seu capítulo segundo, que tem apenas o artigo 3º, da preservação do sigilo constitucional, estabelecendo que quando houver a possibilidade de violação de sigilo assegurado pela Constituição Federal ou por lei a diligência deverá ser realizada pelo próprio juiz de direito e, o que é pior, sem a participação do Ministério Público, o titular

---

[1] Para um aprofundamento sobre o direito à proteção da vida privada, com extensa bibliografia sobre o tema, ver Miranda (1995).

exclusivo da ação penal pública, ou do acusado e seu defensor.

O juiz poderá se valer apenas do auxílio de pessoas que, em razão da profissão ou da função, tenham ou possam ter acesso às informações sigilosas, devendo aquele lavrar auto circunstanciado ao qual o Ministério Público e a defesa terão acesso apenas na presença do magistrado, em local reservado, e sobre o qual toda e qualquer articulação deverá ser feita separadamente, não constando sequer da sentença a fundamentação que recaia sobre o objeto da investigação sigilosa do juiz.

A redação do artigo 3º parece ter sido elaborada por pessoas que jamais estudaram processo penal e que, de repente, após a leitura do livro *O processo* (Kafka, 1982), entenderam que a inquisição (cf. Gomes, 1999, p.180) deveria se reencarnar na pessoa do juiz de direito, para este se vingar daqueles que de alguma forma estejam ligados ao crime organizado, mandando o garantismo,[2] conquistado a duras penas e muito sangue, descansar em um sono eterno no bojo da história do direito penal e processual moderno.

A lição de Rudolf von Ihering (1983, p.94) não foi observada. Advertia o clássico da ciência jurídica que a independência dos juízes e o maior aperfeiçoamento possível das instituições do processo é o caminho a ser trilhado pelo Estado, para permitir o pleno desenvolvimento do sentimento de justiça de seus súditos.

É flagrante a inconstitucionalidade do referido dispositivo legal, uma vez que ofende o princípio do devido processo legal, expressamente acolhido pelo artigo 5º, inciso LIV, da Constituição Federal de 1988, além

---

2 Por todos, ver Ferrajoli (1995).

de subverter o modelo acusatório do processo penal, modelo constitucional, uma vez que a Carta Política estabeleceu serem o Ministério Público e a defesa funções essenciais à justiça, cabendo ao juiz o poder de dizer o direito, sem se transformar em inquisidor, para depois julgar o mérito da ação penal (cf. Grinover, 1995b, p.14, 1995a; Nogueira, 1995, p.158-62; Lopes, 1995, p.196; Gomes, 1999, p.181-201; Queiroz, 1998, p.28).

Também Fernandes (1995c, p.41) destaca que o referido artigo 3º vulnera a Constituição Federal, lembrando que o ordenamento brasileiro não admite provas secretas que sirvam de fundamento à decisão. Muito embora tenha sido adotado o sistema do livre convencimento judicial, a decisão deve ser motivada até por força de mandamento constitucional, vale dizer, artigo 93, inciso IX, da Constituição Federal de 1988. Também o princípio constitucional da ampla defesa, que abrange a autodefesa, não coaduna com o conhecimento da prova produzida apenas pelo advogado, devendo ter acesso a ela o próprio acusado. A vinculação subjetiva do juiz com a prova que ele mesmo produziu quebra sua imparcialidade. Finalmente, o princípio da publicidade impõe que se assegure a transparência dos atos processuais, permitindo o seu controle por todas as partes e mesmo por terceiros interessados.

Apesar da repulsa unânime da doutrina ao citado dispositivo legal, e do louvável voto vencido do ministro Sepúlveda Percente, o Pleno do Supremo Tribunal Federal, em 30 de abril de 1997, indeferiu a liminar da ADIn n.1.517-DF, proposta contra o citado artigo 3º da Lei n.9.034/95 (cf. Gomes, 1999, p.179).

A proteção constitucional à intimidade das pessoas implica a proteção de diversas atividades dos particulares, contra a atuação dos órgãos públicos ou mesmo de outros particulares, notadamente em investigações sobre a vida privada dessas pessoas, que em um Estado democrático de direito têm como imprescindível a segurança de que não serão molestadas nas suas ações, assegurando-se-lhes que seus atos íntimos sejam de conhecimento reservado a um círculo mais restrito de pessoas, ou mesmo a elas próprias.

Como corolário dessa proteção surgem os sigilos das comunicações, das transações bancárias, das informações fiscais e eleitorais. Entretanto, o combate da criminalidade organizada não pode prescindir da quebra de tais sigilos, quando isso for o único meio de uma repressão eficiente e abrangente de toda a ação delituosa desde que seja pautado pelos limites da Constituição Federal, mormente por representar um grau de comprometimento das garantias fundamentais da pessoa, ainda que prevalecendo outros direitos fundamentais que estejam em conflito.

Como adverte Luigi Ferrajoli (1995, p.9), por trás da fachada do Estado de direito, desenvolveu-se uma infraestrutura clandestina, com seus próprios códigos e seus próprios impostos, organizada e com centros de poder ocultos e sempre envolta em ligações com organizações mafiosas, contrariando todos os princípios da democracia como: a legalidade, a publicidade, a transparência, a representatividade, a responsabilização política e o controle popular do funcionamento do poder.

O combate desse tipo de criminalidade organizada deve dispor, portanto, de instrumentos eficazes, valendo-se até mesmo da quebra dos sigilos constitucionalmente garantidos, a fim de assegurar a primazia a direitos constitucionais que transcendem o interesse individual à intimidade pessoal. No entanto, tal conduta deve-se restringir aos casos em que isso for estritamente necessário e desde que haja previsão legal expressa.

Em contrapartida, as denominadas legislações de emergência, que objetivam combater as organizações criminosas e o terrorismo, não podem inflacionar o Direito Penal, na busca de superar a falta de certeza, obscuridade e dificuldade de conhecimento do direito aplicável, propiciando um ilegalismo difuso e, às vezes, favorecendo a corrupção e a arbitrariedade, que se pretende reprimir (cf. ibidem, p.10).

Em verdade, atualmente trava-se um duelo entre um Direito Penal mínimo e outro máximo, com as consequentes repercussões no âmbito do Direito Processual Penal, com instrumentos compatíveis com o Estado democrático de direito, ou que afrontam garantias fundamentais, conquistadas desde a Revolução Francesa. Nem sequer a autorização judicial prévia é capaz de legitimar o sacrifício de garantias fundamentais se não estiver conjugada com permissivos também constitucionais.

O equilíbrio é alcançado com o balanceamento dos direitos constitucionais em jogo, com a decorrente relativização daquele que não tiver primazia, desde que haja permissivo constitucional e a sua regulamentação apresente características como transparência, segurança e imprescindibilidade, além do necessário controle judiciário.

Somente um Direito Penal reconduzido unicamente às funções de tutela de bens e direitos fundamentais pode, com efeito, conjugar garantismo, eficiência e certeza jurídica, assim como somente um Direito Processual Penal que, em garantia aos direitos do imputado, minimize os espaços impróprios da discricionariedade judicial pode oferecer um sólido fundamento para a independência da magistratura e seu papel de controle das ilegalidades do poder (cf. Ferrajoli, 1995, p.10).

Vejamos, a seguir, as modalidades de sigilo que são objeto de discussão jurídica.

a) Sigilo das comunicações/escuta telefônica

O artigo 5º, inciso XII, da Constituição Federal de 1988 estabelece ser inviolável o sigilo da correspondência e das comunicações telegráficas, de dados e das comunicações telefônicas, ressalvando apenas em relação à última a possibilidade de quebra do sigilo para fins de investigação criminal ou instrução processual penal, mediante prévia autorização judicial.

Fernandes (1995c, p.40) ressalta, contudo, que não se pode interpretar o dispositivo constitucional como uma vedação absoluta à inviolabilidade das demais formas de comunicação, como se fosse permitida apenas em relação às comunicações telefônicas. Entende que, por força do princípio da proporcionalidade, é possível a quebra do sigilo de toda e qualquer comunicação, além da telefônica, quando for necessária a proteção de outro bem constitucional, de valor superior ao do sigilo.

Foi aprovada a Lei n.9296, de 24 de julho de 1996, denominada Lei da Escuta Telefônica, que autoriza a interceptação das comunicações telefônicas, bem como o fluxo de comunicações em sistemas de informática e telemática, para fins de prova em investigação criminal e em instrução processual penal, mediante autorização judicial.

A referida lei regulamentou, enfim, o artigo 5º, inciso XII, da Constituição Federal de 1988. Cessou, assim, a principal tese sustentada pelo Supremo Tribunal Federal, que entendia que a escuta telefônica era vedada, por falta de regulamentação do referido dispositivo constitucional. Essa tese fundamentou diversas declarações de nulidade de processos penais, com o consequente trancamento das respectivas ações penais.

A vigilância eletrônica é realizada mediante escuta telefônica, uso de computadores, de câmeras de vídeo e de aparelhos de fax para rastrear as atividades da organização criminosa, valendo-se de seu sistema de comunicações (cf. Queiroz, 1998, p.21).

Contudo, as organizações criminosas, por sua vez já se utilizam de aparelhos telefônicos celulares, um avanço tecnológico que inviabiliza as interceptações autorizadas pelo Poder Judiciário, nos termos da Lei n.9.296/96 (cf. ibidem, p.41).

Para que seja concedida a autorização judicial para a escuta telefônica e sua execução são requisitos legais a existência de investigação criminal formal ou a sua necessidade para a instrução criminal. A escuta será específica e dirigida a pessoa certa e determinada, em relação à qual existam indícios de autoria ou de participação em crime punido com reclusão, desde que seja impossível a realização de outro meio de prova.

Como todos os tipos de quebra de sigilo, o procedimento de autorização de escuta telefônica tramita em segredo de justiça, por força da mencionada lei, sem admitir a discricionariedade judicial sobre a conveniência de sua decretação, para limitar o princípio da publicidade, regra nos demais processos.

A quebra do sigilo das comunicações telefônicas decorrerá de ordem judicial, atendendo a requerimento da autoridade policial, ouvido o Ministério Público, ou deste, quando estiver em curso de investigação, mas apenas o *parquet* tem legitimidade para requerer a escuta telefônica, para fins de instrução processual, porquanto é o titular da ação penal pública.

O mencionado pedido deve demonstrar a necessidade dessa medida extrema, indicando os meios necessários para a sua concretização. Se for formulado verbalmente, a sua concessão sempre será formal, uma vez que é passível de revisão em via recursal e por se tratar de medida excepcional, que restringe garantia fundamental.

A decisão judicial deverá ser prolatada no prazo de 24 horas, com a devida fundamentação, indicando a forma de sua execução, no prazo de quinze dias, de tal forma que a autoridade policial fica vinculada à maneira de realização fixada pela permissão judicial, não podendo concretizá-la de forma diversa, sob pena de se tornar inócua como prova penal, sendo nula por inobservância da determinação judicial.

O procedimento da interceptação é autuado em apartado, sendo sua condução realizada pela autoridade policial, com o acompanhamento pelo Ministério Público. Toda gravação deverá ser transcrita, inutilizando-se as partes da gravação que forem irrelevantes para a investigação, após requerimento do Ministério Público, que assistirá a sua execução, ou do interessado.

A referida Lei n.9.296/96, que regulamentou a escuta telefônica, estabeleceu em seu artigo 10ª que constitui crime a interceptação de comunicações telefônicas, de informática ou telemática, ou a quebra do segredo de justiça de procedimento específico, quando inexistente autorização judicial para sua realização ou quando os fins forem diversos daqueles autorizados pela lei. A pena é de reclusão de dois a quatro anos, além de multa.

Deve-se, portanto, ressaltar que, como procedimento excepcional que é, a escuta telefônica restringir-se-á aos casos estritamente necessários, quando não houver outros meios de prova. Sua aplicação tem-se mostrado mais necessária no combate à criminalidade organizada, que dispõe de alta tecnologia para a atividade delituosa, muitas vezes com recursos superiores àqueles que o Estado destina à sua repressão.

b) Sigilo bancário

Outro grande empecilho ao combate ao crime organizado é o sigilo bancário, cuja quebra exige formalidades exageradas e que muitas vezes não coadunam com o sigilo necessário às investigações (cf. Mingardi, 1998, p.187).

A Constituição Federal de 1988 não estabeleceu proteção específica ao sigilo bancário. Apenas por inferência de que é corolário da proteção à intimidade, estabelecida pelo artigo 5º, inciso X, da Carta Política, que se lhe atribui *status* constitucional. Sua violação tem sido admitida a partir de autorização judicial, estando a matéria regulada pela Lei n.4.595/64.

Outrossim, nem sequer ao Ministério Público Federal pode ser oposto o sigilo bancário, por força do disposto no artigo 29, parágrafo único, da Lei n.7.492/86, a denominada "Lei do Colarinho Branco" (cf. Nogueira, 1995, p.158).

c) Sigilo fiscal

O sigilo fiscal, assim como o sigilo bancário, também não foi objeto de proteção constitucional específica, valendo-se do mesmo artigo 5º, inciso X, da Constituição Federal, que protege a intimidade, o que lhe empresta um caráter constitucional.

A quebra do sigilo fiscal tem sido admitida, mediante autorização judicial, por força do disposto no artigo 198, parágrafo único, do Código Tributário Nacional.

d) Sigilo eleitoral

O sigilo eleitoral é amplo e tem dois aspectos importantes.

É objeto do sufrágio universal, quando se exerce a soberania popular, fundamento do Estado democrático de direito que constitui a República Federativa do Brasil, conforme reconhece o artigo 1º da Constituição Federal de 1988. Uma das formas do exercício da cidadania é o voto direto e secreto, como expressamente estabelece o artigo 14 da Carta Política. Assim, sendo a cidadania um dos valores primordiais do Estado democrático de direito, o sigilo do voto é absoluto e nem mesmo autorização judicial tornará legítima ou lícita sua violação. Aliás, sua quebra afronta o próprio Estado democrático de direito. O sigilo do voto é assegurado mediante inúmeras providências, entre elas as estabelecidas no artigo 103 do Código Eleitoral.[3]

Outro aspecto do sigilo eleitoral são as informações cadastrais dos eleitores alistados, em regra, mais atualizadas que outros bancos de dados. Sua proteção constitucional não é específica, mas decorre daquela mesma proteção da intimidade, pelo artigo 5º, inciso X, da Constituição Federal de 1988.

As referidas informações são de uso exclusivo da Justiça Eleitoral, como estabelece o artigo 38 da Resolução n.15.374, de 29 de junho de 1989,[4] que regulamentou o alistamento e os serviços eleitorais mediante processamento eletrônico de dados e a manutenção dos cadastros eleitorais em meio magnético. Sua utili-

---

3 Lei n.4.737, de 15 de julho de 1965.
4 Ver Lei n.7.444, de 20 de dezembro de 1985, artigo 9º, inciso II, além das Resoluções do TSE n.12.547/86, n.20.132/98 e n.20.473/99.

zação para fins criminais somente é possível por ordem judicial, não sendo admitida a sua revelação para outros fins, como para localização destinada a processos civis, nem mesmo mediante requisição judicial. É o que estabelece o artigo 26, parágrafo 3º, da Resolução-TSE n.20.132, de 19 de março de 1998, que exclui da proibição de fornecimento de informações constantes dos cadastros eleitorais os pedidos feitos por autoridade judicial, relativos a procedimentos eleitorais e criminais.

7
Delação premiada

Noticia Grinover (1995b, p.16) que, na Itália, na hipótese de um integrante de uma organização destinada à prática de terrorismo ou subversão da ordem democrática arrepender-se e propiciar o desmantelamento da associação criminosa, fornecendo informações sobre sua estrutura, seus integrantes e atividades, ele será premiado pela legislação com a extinção da punibilidade.

Da mesma forma, também na Itália, aquele que se arrepender posteriormente à prática de algum crime, em concurso com aquele tipo de organização criminosa, e se empenhar para diminuir as consequências desse crime, confessando-o ou impedindo o cometimento de crimes conexos, será beneficiado com a diminuição especial de um terço da pena que for fixada na sentença condenatória, ou com a substituição da pena de prisão perpétua pela reclusão de 15 a 21 anos (cf. ibidem, p.16).

A lei italiana n.82, de 15 de março de 1991, que resultou da conversão do Decreto-lei n.8, de 15 de janeiro de 1991, notadamente no artigo 6º deste último, modificando o artigo 289bis do Código Penal, estabeleceu pena menor para o coautor de sequestro com fins de terrorismo ou subversão da ordem democrática que libertar a vítima, isto é, pena de dois a oito anos de reclusão; mas se o sequestrado morrer em razão do sequestro, depois de libertado, a pena será de oito a dezoito anos de reclusão. Vale destacar que a pena sem tais benefícios é de 25 a 30 anos, se não houver morte; de 30 anos, quando a morte for por culpa em sentido estrito; ou prisão perpétua, quando a morte for voluntariamente causada (cf. Marino, 1999, p.741).

Segundo Grinover (1995b, p.16), existe ainda, na legislação italiana, a figura do colaborador que, a par de agir como dissociado ou arrependido, auxilia as autoridades na elucidação da autoria de crimes cometidos pela organização criminosa, permitindo a individualização da conduta e a captura de outros criminosos. Para o colaborador a pena será reduzida pela metade ou haverá substituição da pena de prisão perpétua, por reclusão de dez a doze anos.

O artigo 630 do Código Penal italiano, que tipifica o crime de extorsão mediante sequestro, estabelece que, quando um dos coautores dissociar-se dos demais e agir para evitar que a atividade delituosa chegue às últimas consequências, ajudando concretamente a autoridade policial ou judiciária na coleta de provas decisivas para a individualização ou a captura dos concorrentes, a pena de prisão perpétua é substituída por reclusão de doze a vinte anos e as demais penas são diminuídas de um a dois terços (cf. Marino, 1999, p.1.430).

No Brasil, a Lei n.9.034/95, em seu artigo 6º, prescreve que nos crimes praticados em organizações criminosas haverá a redução de um a dois terços da pena, quando a colaboração espontânea do agente resultar no esclarecimento dos crimes praticados e suas respectivas autorias.

Questão jurídica interessante ocorrerá, segundo Fernandes (1995c, p.51), quando a delação envolver a prática de crime hediondo por organização criminosa, uma vez que a colaboração levará ao desmantelamento da quadrilha ou do bando e permitirá o esclarecimento do crime e de sua autoria, implicando a dupla redução de pena: uma decorrente do disposto no artigo 8º da Lei n.8.072/90, e outra com base no citado artigo 6º da Lei n.9.034/95.

A Lei de Lavagem de Capitais, em seu artigo 1º, parágrafo 5º, também instituiu a delação premiada. Se o delinquente, além de proclamar sua culpabilidade, envolve outras pessoas, trata-se de delação. Entretanto, se não envolve outras pessoas, mas seus esclarecimentos permitem a localização de bens, direitos ou valores objetos do crime, não passará de confissão premiada (cf. Cervini Sánchez, 1998, p.344). A Lei n.9.613/98 permite em tais hipóteses a redução de um a dois terços da pena, regime inicial aberto, perdão judicial ou substituição por pena restritiva de direitos.

A lei brasileira n.9.807/99 estabeleceu, em seu artigo 13, em favor dos réus primários colaboradores, sem restrição a nenhum tipo de delito – se hediondo ou decorrente de organização criminosa, ou mesmo delinquência comum –, a possibilidade de perdão judicial, com extinção da punibilidade, quando o ato voluntário permitir: a) a identificação dos demais coautores ou partícipes da ação criminosa; b) a localização da vítima com a sua integridade física preservada; e c) a recuperação total ou parcial do produto do crime. Quando se tratar de réu reincidente, ou primário que não foi beneficiado com o perdão judicial, em virtude de sua personalidade, ou em razão da natureza, circunstâncias, gravidade ou repercussão social do fato criminoso, ainda permite a citada lei a redução de um a dois terços da pena.[1]

---

[1] Ver artigo 14 da Lei n.9.807/99.

8
Infiltração policial e ação controlada

A polícia judiciária italiana auxilia o Ministério Público nas investigações e por ele é supervisionada. A transmissão da notícia da infração penal e a respectiva documentação são feitas diretamente pela polícia ao Ministério Público. Este pode autorizar o retardamento de medidas cautelares, mesmo de forma verbal, quando urgente, até quando se trate de prisão de sequestrador. Ademais, poderá ser autorizada pelo juiz a realização de operações controladas em relação ao sequestro.

Após a alteração do artigo 348 do Código de Processo Penal italiano, de 1988, além de desenvolver suas atividades, sob a orientação determinada pelo Ministério Público, a polícia judiciária continua obrigada a desenvolver suas funções, mesmo após a comunicação da notícia da infração penal e a entrega da respectiva documentação ao *parquet* (cf. Grinover, 1995b, p.25).

Uma das omissões da lei brasileira n.9.034/95 refere-se à infiltração policial. Embora estivesse prevista no

Projeto de Lei n.3.516/89, do deputado Michel Temer, e na Lei n.9.034/95, foi vetada pelo presidente da República, conforme Mensagem n.483, de 3 de maio de 1995, sob o argumento de que o texto aprovado não exigia a prévia autorização judicial e excluía a ilicitude dos crimes que o policial infiltrado cometesse.

Os países que lutam contra o crime organizado já preveem a infiltração policial, como nos Estados Unidos, onde ela é denominada operação *undercover* (cf. Queiroz, 1998, p.20). Ademais, precisava ser regulamentada a ação já comum de infiltração policial, para combate do tráfico internacional de drogas, hoje realizada à margem da lei, embora com consideráveis benefícios sociais, quando concorrem para o desmantelamento de quadrilhas e prisão de traficantes (cf. Fernandes, 1995c, p.51).

Instituto estreitamente relacionado com a infiltração policial, mas que desta pode prescindir, é o denominado flagrante retardado. Na Itália, a Lei n.82/91, a par de estabelecer como atribuição do Ministério Público a ordem para o retardamento motivado de medidas cautelares, como a prisão, prevê a possibilidade de operações controladas quanto ao pagamento de resgate em razão de sequestro, devendo ser autorizada pelo magistrado (cf. Grinover, 1995b, p.18).

Sem prejudicar a atuação do Ministério Público e da autoridade judiciária competente, diversos diplomas legislativos italianos determinaram alterações administrativas visando combater a máfia, como a criação do Alto Comissariado para a coordenação da luta contra a criminalidade organizada, envolvendo órgãos policiais e outros organismos públicos e privados (cf. ibidem, p.21).

O crime organizado

No Brasil, segundo a Lei n.9.034/95, artigo 2º, inciso II, a ação controlada consiste no retardamento da interdição policial em relação às ações tidas como praticadas por organizações criminosas, ou em seu benefício, mediante a observação e o acompanhamento que permitam uma eficaz medida legal tendente a uma boa formação de provas e ao fornecimento de informações.

Pode, então, a autoridade policial, sem nenhuma autorização judicial, deixar de realizar a prisão em flagrante no momento em que constata o cometimento do crime, com o intuito de aguardar melhor oportunidade para agir e obter mais provas (cf. Fernandes, 1995c, p.42), notadamente para determinar todos os comparsas e membros da organização criminosa.

Fernandes (1995c, p.43) entende que podem ocorrer abusos e, por isso, deveria ter exigido a lei o condicionamento da ação policial à autorização judicial, como constava do projeto original, ou à prévia comunicação sigilosa ao Ministério Público, preferencialmente, ou ao juiz competente, referindo-se à sugestão de Geraldo Prado & William Douglas (1995).

Como a lei em vigor não exigiu a prévia autorização judicial, a autoridade policial dela pode prescindir, apenas devendo comunicar, posteriormente, a prisão em flagrante, como já consta de lei.[1] Contudo, deve-se observar a obrigatoriedade do controle da ação policial pelo Ministério Público, até em razão do controle externo estabelecido pela Constituição Federal em seu artigo 129, inciso VII.

---

1 Ver artigo 21 da Lei n.6.368/76; artigo 307 do Código de Processo Penal; artigos 18, 27, 248, 251, 389 e 675 do Código de Processo Penal Militar.

É interessante a sistemática do Estatuto da Criança e do Adolescente que, em seu artigo 177, determina à autoridade policial o encaminhamento ao Ministério Público de relatório das investigações e demais documentos, quando houver indícios de participação de adolescentes na prática de ato infracional. O mesmo deverá ocorrer em relação às investigações concernentes a imputáveis, como decorrência do citado controle externo.

A Lei n.8.625/93, Lei Orgânica Nacional do Ministério Público, no artigo 41, inciso VIII, arrolou entre as prerrogativas dos membros do Ministério Público, no exercício de suas funções, a de examinar em qualquer repartição policial autos de flagrante ou inquérito, findos ou em andamento, ainda que conclusos à autoridade, podendo copiar peças e tomar apontamentos, tendo acesso ao indiciado preso, a qualquer momento, mesmo quando decretada a sua incomunicabilidade.

No mesmo sentido dispuseram cada uma das leis orgânicas estaduais, valendo destacar:

a) a Lei Complementar n.11/93 do Estado do Amazonas, que estabelece em seu artigo 89 que é atribuição do membro do Ministério Público na Promotoria de Justiça no controle externo da atividade policial, entre outras coisas, examinar autos de flagrante e de inquéritos, tomando providências com o objetivo de promover seu andamento, podendo requisitar diligências necessárias à formação da convicção para o exercício de *initio litis*;

b) a Lei Orgânica do Ministério Público do Estado do Espírito Santo, que, em seu artigo 28, parágrafo 1º, inciso I, prescreve a obrigatoriedade da comunicação e remessa pela autoridade policial ao Ministério Público, no prazo de 24 horas, de qualquer auto de prisão em flagrante que tenha lavrado; e

c) a Lei Complementar n.734/93, do Estado de São Paulo, que, em seu artigo 103, inciso XIII, letra "e", estabelece entre as funções institucionais do Ministério Público o exercício do controle externo da atividade policial, adotando entre outras medidas judiciais ou administrativas o recebimento imediato de comunicação da prisão de qualquer pessoa por parte da autoridade policial estadual, com indicação do lugar onde se encontra o preso e cópia dos documentos comprobatórios da legalidade da prisão.

É evidente que a ação da autoridade policial, concernente ao retardamento da sua intervenção em face do crime organizado, não pode a um só tempo prescindir de autorização judicial e ainda não ser controlada pelo Ministério Público, no exercício de sua função institucional de controle externo.

Bastará mesmo a comunicação verbal, em casos de urgência, podendo o membro do Ministério Público acompanhar as diligências, se entender necessário, com posterior formalização de relatório das investigações pela autoridade policial, ou mesmo a comunicação da prisão em flagrante dos envolvidos, com cópia dos autos, ao *parquet*.

Este é um modelo próximo ao italiano, que funciona muito bem, mas sem disputas corporativas e institucionais, que negam o modelo adotado pela Constituição Federal brasileira e todo o ordenamento infraconstitucional subsequente, como as leis orgânicas estaduais referidas na página anterior.

O Projeto de Lei n.3.731/97 do Senado Federal restabelece o controle da ação policial pelo Ministério

Público, ao permitir a instauração de procedimento investigatório sigiloso, informal, de natureza inquisitiva, sem a intervenção judicial, o qual será juntado ao inquérito policial, quando conveniente, bem como ao estabelecer uma maior sintonia entre a polícia judiciária e o Ministério Público, na colheita da prova, tornando mais eficaz o combate à criminalidade organizada.

9
Proteção à testemunha

A proteção à vítima e à testemunha constitui um instrumento poderoso e eficiente no combate à criminalidade em geral, quanto mais às organizações criminosas, que se valem da intimidação para impor a lei do silêncio e frustrar a ação repressiva estatal.

A Lei n.82/91 italiana estabelece um programa de proteção especial aos colaboradores do combate ao crime organizado, os *pentiti*, garantindo sua incolumidade e, se for o caso, também a assistência às pessoas presas, que apresentam situação de evidente exposição a perigo grave e atual, em razão de haver colaborado com a justiça (cf. Grinover, 1995b, p.19).

Essas pessoas fornecem dados documentais relativos à sua qualificação, às obrigações civis, aos antecedentes criminais e aos processos de qualquer natureza em andamento, constituindo um representante geral ou especial para os atos a serem efetuados. O programa compreende a transferência da pessoa protegida para locais diversos de seu domicílio, com a utilização de documentos de identidade "de cobertura" da sua verdadeira qualificação. Em casos excepcionais, o novo domicílio poderá ser fixado junto a pessoa de confiança ou a estabelecimento penal, até para efeitos de citações, notificações e intimações, mediante autorização do juiz ou do Ministério Público. Este também pode autorizar a polícia a manter as pessoas presas em lugares diversos do cárcere, até a definição do programa de proteção (cf. ibidem, p.19).

Segundo Grinover (p.20),[1] são os seguintes os princípios que norteiam o programa especial de proteção:

a) segredo e celeridade;

b) inscrição da nova qualificação no Ministério da Segurança;

c) registro civil da nova qualificação e emissão de documento de identidade;

d) manutenção da qualificação civil dos filhos, mediante autorização judicial;

e) subsistência das relações de natureza civil, penal ou administrativa, anteriores à alteração da qualificação;

f) preservação dos direitos dos terceiros de boa-fé, que seriam prejudicados com a alteração;

g) estabelecimento de mecanismos que permitam o recebimento de citação, notificação ou intimação destinadas à qualificação anterior;

h) permissão para a instituição de procuradores, para a representação do protegido em razão de relações jurídicas estabelecidas antes da alteração;

---

1 No mesmo sentido, ver Fernandes (1995c, p.52).

i) registro adequado de eventuais antecedentes criminais; e

j) dotação orçamentária compatível com as reais necessidades.

Para assegurar a colaboração da própria vítima, a lei italiana n.172/92 instituiu um fundo de apoio às vítimas de extorsão, vinculado ao Instituto Nacional de Seguro, formado a partir de cotas de participação em prêmios de seguro e de dotações estatais, e destinado às vítimas que não se sujeitam a pedidos extorsivos e que, por isso mesmo, sofrem prejuízos materiais de seus bens móveis e imóveis (cf. Grinover, 1995b, p.22).

Na Alemanha, a declaração dos arrependidos é prevista em normas processuais, permeadas pela aplicação do princípio da oportunidade da ação penal, notadamente em face dos colaboradores da justiça. Com isso, é estabelecida a impunidade ou uma diminuição da pena para aqueles que forneçam informações à autoridade, possibilitando a atuação eficiente desta última, conforme se observa nos parágrafos 83a, 84, V, 87, III, 98, II, 129, VI e 129a do StGB (cf. Gomes, 2000, p.356).

Nos sistemas jurídicos da *common law*, ensina Luiz Flávio Gomes (p.359), existe uma negociação com a *witness*, que sacrifica seu direito fundamental de permanecer em silêncio e de não confessar, acusando-se e acusando seus comparsas em troca da imunidade. Vige nesse sistema o princípio da discricionariedade da ação penal, pelo qual o Ministério Público é quem decide se recorre ou não à autoridade judicial, o que facilita as negociações de imunidade em troca de testemunhos.

No Brasil, foi aprovada a Lei n.9.807, de 13 de julho de 1999, que institui a proteção especial à vítima e à testemunha que estejam coagidas ou expostas a grave ameaça em razão de colaborarem com investigação ou processo criminal.

O programa de proteção será prestado pela União, pelos Estados e pelo Distrito Federal, no âmbito das respectivas competências para os processos criminais. Vale dizer, se o crime for da competência federal, a proteção à testemunha e à vítima será atribuída à União. Caso contrário, a prestação será devida pelo Estado-membro ou pelo Distrito Federal.

A proteção pode ser estendida a familiares, mas os beneficiados deverão anuir ao ingresso no programa e às suas restrições. Todas as admissões ou exclusões serão precedidas de consulta ao Ministério Público, com subsequente comunicação à autoridade policial ou judiciária competente.

Em caso de urgência, enquanto se aguarda a inclusão formal no programa de proteção, o beneficiado poderá ser colocado provisoriamente sob a custódia de órgão policial, pelo órgão executor do programa, com comunicação imediata ao conselho deliberativo e ao Ministério Público.

Estabelece o artigo 7º, da Lei n.9.807/99, que o programa de proteção compreende as seguintes medidas:

a) segurança na residência, incluindo controle de telecomunicações, bem como nos deslocamentos;

b) transferência de residência ou acomodação provisória em local compatível com a proteção;

c) preservação da identidade, imagem e dados pessoais;

d) ajuda financeira mensal, para o próprio sustento, quando houver impedimento de trabalhar em virtude da natureza da proteção;

e) suspensão temporária das atividades, sem prejuízo dos vencimentos, quando o beneficiado for funcionário público;

f) apoio e assistência social, médica e psicológica;

g) sigilo quanto aos atos praticados em virtude da proteção; e

h) apoio do órgão executor do programa para o cumprimento das obrigações civis e administrativas que exijam comparecimento pessoal.

O conselho deliberativo pode solicitar ao Ministério Público a propositura de medidas cautelares para assegurar a eficácia do programa de proteção, bem como encaminhar requerimento de alteração do nome do beneficiado e de seus familiares ao juiz competente para registros públicos. A averbação da alteração não abrangerá o novo nome.

O referido diploma legal limitou a proteção ao prazo de dois anos, podendo, contudo, ser prorrogado.

No Estado de São Paulo, o Decreto n.44.214, de 30 de agosto de 1999,[2] instituiu o Programa Estadual de Proteção a Testemunhas, com a sigla Provita/SP, cuja finalidade é garantir a proteção das vítimas e testemunhas coagidas ou expostas a grave ameaça, em razão de colaborarem com inquérito policial ou com processo criminal.

O Provita/SP é dirigido por um Conselho Deliberativo, integrado por representantes dos seguintes órgãos e entidades:

---

2 Publicado no *Diário Oficial do Estado*, seção I, do Poder Executivo, p.19, do dia 9 de setembro de 1999. Tem por fundamento a Lei Federal n.9.807/99 e a Lei Estadual n.10.354, de 25 de agosto de 1999, principalmente seu artigo 3º, inciso V, que estabelece a obrigação do Estado em velar pela integridade e pela segurança das vítimas e testemunhas.

a) Secretaria da Segurança Pública;

b) Secretaria da Justiça e da Defesa da Cidadania;

c) Comissão de Direitos Humanos da Seção de São Paulo da Ordem dos Advogados do Brasil;

d) Associação de Voluntários pela Integração dos Migrantes;

e) Centro de Direitos Humanos e Educação Popular de Campo Limpo;

f) Núcleo de Estudos da Violência, da Universidade de São Paulo;

g) Poder Judiciário Estadual;

h) Ministério Público Estadual; e

i) Associação de Delegados para a Democracia.

Trata-se de um conselho bastante representativo, que congrega órgãos estatais e sociedade civil, embora algumas entidades de grande representatividade tenham, imperdoavelmente, permanecido à margem, como o Conselho Estadual de Defesa dos Direitos Humanos, os Juízes para a Democracia e o Movimento do Ministério Público Democrático.

O Conselho Deliberativo é responsável por decidir sobre a inclusão de testemunhas no programa de proteção, encaminhar requerimentos para alteração de nome de pessoas sob proteção, acionar os órgãos encarregados de medidas cautelares para efetivação da proteção, além de elaborar proposta financeira para suas atividades.

Por meio de uma entidade operacional, são colocadas em prática todas as medidas de proteção determinadas pelo Conselho Deliberativo, mantendo-se sempre o beneficiado informado sobre a situação do inquérito ou do processo, e, quando for o caso, é providenciada a apresentação das testemunhas ou vítimas ao Ministério Público e ao Poder Judiciário.

Deve ser organizada uma rede de proteção, formada por organizações e cidadãos voluntários, mantendo-se sob rigoroso sigilo um cadastro dos protetores.

A proteção da testemunha e da vítima é um dos mecanismos que auxiliam no combate ao crime organizado e precisa ser implementada imediatamente em todo o Brasil, saindo dos textos legais para a sua concretização efetiva.

A carência de recursos constitui o maior obstáculo a ser superado: os programas italiano e norte-americano, por exemplo, consumiram mais de cinquenta milhões de dólares por ano, o que evidentemente não coaduna com a realidade brasileira (cf. Gomes, 2000, p.370).

10
Lavagem de dinheiro

As estimativas apresentadas pelo Banco Mundial e pelo Fundo Monetário Internacional (FMI) indicam que vêm sendo lavados, anualmente, cerca de quinhentos milhões de dólares, ocupando o Brasil posição estratégica na óptica das máfias e cartéis, em virtude das facilidades operacionais que o país oferece (cf. Jordão, 2000, p.21).

A lavagem de dinheiro quase sempre é obrigatória, tendo em vista que as organizações criminosas necessitam capitalizar o lucro obtido com a delinquência, sem se tornarem vulneráveis aos investigadores de suas atividades. Em outras palavras, a reciclagem de dinheiro é, em geral, uma das marcas da transnacionalidade das organizações criminosas, que se utilizam de meios destinados à dissimulação da origem ilegal de capitais e outros produtos do crime, de maneira que esbocem uma origem lícita (cf. Maierovitch, 1995a, p.65). Normalmente, elas se valem de operações que não prescindem do sistema financeiro e, por isso, se beneficiam do sigilo bancário garantido como regra a todas as operações realizadas em instituições bancárias.

Uma das formas mais conhecidas de lavagem de dinheiro é o seu envio para o exterior, seja na forma de depósito em paraísos fiscais ou de investimentos (cf. Mingardi, 1998, p.177).

Para a reciclagem não são mais utilizados os grandes centros financeiros, como Nova York, Londres, Zurique ou Frankfurt, mas sim países como Uruguai, Portugal e Argentina, que não identificam a triangulação, envolvendo bancos, *off-shore* ou paraísos fiscais e sociedades de fachada, apenas formalmente sediadas em diversos locais do mundo (cf. Maierovitch, 1995a, p.69). Outra forma de lavagem é o subfaturamento de algum produto produzido no Brasil para empresas constituídas pela organização no exterior, de onde revendem o produto pelo preço real. Também é utilizada a negociação com pequenos bancos, nos quais se aplica um valor muito superior ao que efetivamente fica registrado, para depois de certo tempo a diferença ser registrada como rendimento (cf. Mingardi, 1998, p.179).

São também conhecidas as compras de empresas que não permitam a verificação do lucro pela Receita Federal, como aquelas que prestam serviços de transporte coletivo, boliches, ringues de patinação, promoções, pistas de *kart* etc. Geralmente, para a lavagem do dinheiro, os proprietários declaram uma receita muito superior à que efetivamente foi obtida, sem que haja possibilidade de ser verificada a veracidade da declaração (cf. ibidem, p.180), ainda mais se for lembrada a satisfação do fisco tão somente com o recolhimento do tributo.

Outra facilidade encontrada por aqueles que querem "esquentar" dinheiro é a compra de imóveis, por meio de escritura pública, na qual se declara a venda pelo denominado valor venal, muitas vezes 90% inferior ao preço real. Posteriormente, vende-se aquele mesmo imóvel pelo valor real e é declarada a diferença como lucro e para a Receita tudo está bem, pois será gerado tributo.

Em razão da crescente preocupação com a criminalidade organizada e as formas de combatê-la, foi aprovada a Lei n.9.613, de 3 de março de 1998, que busca a punição específica da lavagem de dinheiro, assim como estabelece um novo sistema de controle de operações financeiras e de fiscalização da movimentação de capitais (cf. Cervini Sánchez, 1998, p.315).

Conclusão

Buscando inspiração no modelo italiano de combate ao crime organizado, todas as instituições envolvidas – Poder Legislativo, Poder Judiciário, Poder Executivo, Ministério Público, Polícia Judiciária, Ordem dos Advogados do Brasil, e Organizações Não Governamentais – devem somar esforços para o estabelecimento de um sistema completo que abranja aspectos penais, processuais e administrativos, com reformas legislativas, mas também com o aparelhamento adequado para uma atuação conjunta e coordenada, especialmente entre o Ministério Público e a polícia judiciária.

A conceituação do crime organizado é difícil, mas não é suficiente sua equiparação a quadrilha ou bando, porquanto estas existem sem nenhuma organização. A definição legal deve valer-se de um critério eclético, tipificando a associação do tipo mafioso, destacando alguns de seus elementos, como a intimidação, a hierarquia e a lei de silêncio, além de outros, ao lado da enumeração de delitos que sabidamente são praticados por tais organizações.

O combate efetivo da criminalidade organizada exige ação coordenada e instrumentos legais, como: permissão para a quebra do sigilo das comunicações, bancário, fiscal e eleitoral; delação e confissão premiadas; ações policiais controladas pelo Ministério Público; controle do sistema financeiro que impeça a lavagem de dinheiro; e, finalmente, proteção à vítima e às testemunhas.

Se a criminalidade organizada é altamente complexa, o seu combate também o é. Não se podem confundir mecanismos destinados à microcriminalidade com a política e os instrumentos de contra-ataque às organizações criminosas – uma das espécies da macrocriminalidade –; enquanto a criminalidade de massa pode ser combatida ao lado do combate às organizações criminosas, sem com estas se confundir.

Referências bibliográficas

AMORIM, C. *Comando Vermelho*: a história secreta do crime organizado. 2.ed. Rio de Janeiro: Record, 1993.

AVOLIO, L. F. T. *Provas ilícitas*: interceptações telefônicas e gravações clandestinas. São Paulo: Revista dos Tribunais, 1995.

BARBOSA, R. P. Apuração do crime organizado. *Boletim do Instituto Brasileiro de Ciências Criminais (São Paulo)*, n.29, p.1, maio 1995.

BRASIL. Supremo Tribunal Federal. *Boletim do Supremo Tribunal Federal (Brasília)*, n.36, p.17-21, jun. 1996.

CERVINI SÁNCHEZ, R. Toxicos. Criminalidad organizada: su dimension economica. In: PENTEADO, J. de C. (Coord.) *Justiça penal, 3*: críticas e sugestões: o crime organizado (Itália e Brasil): a modernização da lei penal. São Paulo: Revista dos Tribunais, 1995. p.117-48.

CERVINI SANCHEZ, et al. *Lei de lavagem de capitais*: comentários à Lei 9.613/98, aspectos criminológicos e político--criminais, tipologia da lavagem de capitais, direito internacional e comparado, dos crimes e das penas: aspectos processuais penais e administrativos. São Paulo: Revista dos Tribunais, 1998.

DUGGAN, C. *Fascism and the mafia*. New Haven: Yale University Press, 1989.

FERNANDES, A. S. O conceito de crime organizado na Lei 9.034. *Boletim do Instituto Brasileiro de Ciências Criminais (São Paulo)*, n.31, p.3, jul. 1995a.

_____. O prazo máximo de 180 dias para a prisão cautelar. *Boletim do Instituto Brasileiro de Ciências Criminais (São Paulo)*, n.32, p.3, ago. 1995b.

_____. Crime organizado e a legislação brasileira. In: PENTEADO, J. de C. (Coord.) *Justiça penal, 3*: críticas e sugestões: o crime organizado (Itália e Brasil): a modernização da lei penal. São Paulo: Revista dos Tribunais, 1995c. p.31-55.

FERRAJOLI, L. *Derecho y razón*. Trad. Perfecto Andrés Ibáñez et al. Madrid: Editorial Trotta, 1995.

FRANCO, A. S. O difícil processo de tipificação. *Boletim do Instituto Brasileiro de Ciências Criminais (São Paulo)*, n.21, p.5, set. 1994.

GOMES, L. F. *Estudos de direito penal e processo penal*. São Paulo: Revista dos Tribunais, 1999.

_____. Lei de proteção a vítimas e testemunhas: primeiras considerações. In: PENTEADO, J. de C. (Coord.) *Justiça penal, 7*: críticas e sugestões: justiça criminal moderna, proteção à vítima e à testemunha, comissões parlamentares de inquérito, crimes de informática, trabalho infantil, TV e crime. São Paulo: Revista dos Tribunais, 2000.

GRINOVER, A. P. Que juiz inquisidor é esse? *Boletim do Instituto Brasileiro de Ciências Criminais (São Paulo)*, n.30, p.1, jun. 1995a.

_____. O crime organizado no sistema italiano. In: PENTEADO, J. de C. (Coord.) *Justiça penal, 3*: críticas e sugestões, o crime organizado (Itália e Brasil): a modernização da lei penal. São Paulo: Revista dos Tribunais, 1995b. p.13-29.

IHERING, R. von. *A luta pelo direito*. Trad. Richard Paul Neto. 4.ed. Rio de Janeiro: Editora Rio, 1983.

JORDÃO, R. P. *Crime (quase) perfeito*: corrupção e lavagem de dinheiro no Brasil. São Paulo: Editora Fundação Perseu Abramo, 2000.

KAFKA, F. *O processo*. Trad. Torrieri Guimarães. São Paulo: Abril Cultural, 1982.

KEFAUVER, E. et al. *The Kefauver Committee report on organized crime*. New York: Didier, s. d.

LOPES, M. A. R. Apontamentos sobre o crime organizado e notas sobre a Lei 9.034/95. In: PENTEADO, J. de C. (Coord.) *Justiça penal, 3*: críticas e sugestões, o crime organizado (Itália e Brasil): a modernização da lei penal. São Paulo: Revista dos Tribunais, 1995.

MAIEROVITCH, W. F. As associações criminosas transnacionais. In: PENTEADO, J. de C. (Coord.) *Justiça penal, 3*: críticas e sugestões, o crime organizado (Itália e Brasil): a modernização da lei penal. São Paulo: Revista dos Tribunais, 1995a. p.57-76.

_____. A matriz terrorista do crime organizado. In: PENTEADO, J. de C. (Coord.) *Justiça penal, 3*: críticas e sugestões, o crime organizado (Itália e Brasil): a modernização da lei penal. São Paulo: Revista dos Tribunais, 1995b. p.89-115.

MARINO, R. Libro II: dei delitti in particulare: dei delitti contro la personalità dello Stato. In: BELTRANI, S. et al. *Codice Penale anotato com la giurisprudenza*. Napoli: Giuridiche Simone, 1999.

MAZZILLI, H. N. *O Ministério Público na Constituição de 1998*. São Paulo: Saraiva, 1989.

MINGARDI, G. O Estado e o crime organizado. *Revista Brasileira de Ciências Criminais (São Paulo)*, ano 2, n.8, p.143, out./dez. 1994.

_____. *O Estado e o crime organizado*. São Paulo: IBCCrim, 1998.

MIRANDA, R. R. Tutela constitucional do direito à proteção da própria vida privada. *Cadernos de direito constitu-*

cional e ciência política. Instituto Brasileiro de Direito Constitucional *(São Paulo)*, v.13, p.158-86, out.-dez. 1995.

NOGUEIRA, C. F. C. A lei da caixa-preta. In: PENTEADO, J. de C. (Coord.) *Justiça penal, 3*: críticas e sugestões, o crime organizado (Itália e Brasil): a modernização da lei penal. São Paulo: Revista dos Tribunais, 1995. p.149-66.

PENTEADO, J. de C. (Coord.) *Justiça penal, 3*: críticas e sugestões, o crime organizado (Itália e Brasil): a modernização da lei penal. São Paulo: Revista dos Tribunais, 1995.

PRADO, G., DOUGLAS, W. *Comentários à lei contra o crime organizado*: organização criminosa, ação controlada, ação penal pública e privada, poderes do juiz, prisão e liberdade, sigilo bancário. Belo Horizonte: Del Rey, 1995.

QUEIROZ, C. A. M. de. *Crime organizado no Brasil*: comentários à Lei n.9.034/95: aspectos policiais e judiciários. São Paulo: Iglu, 1998.

TOGNOLLI, C. J., ARBEX JÚNIOR, J. *O século do crime*. São Paulo: Boitempo, 1996.

Anexo

Lei n.9.034, de 3 de maio de 1995
Prevenção e repressão ao crime organizado
Publicada no *Diário Oficial da União* de 4 de maio de 1995
Dispõe sobre a utilização de meios operacionais para a prevenção e repressão de ações praticadas por organizações criminosas.
O Presidente da República:
Faço saber que o Congresso Nacional decreta e eu sanciono a seguinte Lei:

Capítulo I
Da Definição de Ação Praticada por Organizações Criminosas e dos Meios Operacionais de Investigação e Prova

Art. 1º. Esta Lei define e regula meios de prova e procedimentos investigatórios que versarem sobre crime resultante de ações de quadrilha ou bando.

Art. 2º. Em qualquer fase de persecução criminal que verse sobre ação praticada por organizações criminosas são permitidos, além dos já previstos na lei, os seguintes procedimentos de investigação e formação de provas:

I – (Vetado).

II – a ação controlada, que consiste em retardar a interdição policial do que se supõe ação praticada por organizações criminosas ou a ela vinculado, desde que mantida sob observação e acompanhamento para que a medida legal se concretize no momento mais eficaz do ponto de vista da formação de provas e fornecimento de informações;

III – o acesso a dados, documentos e informações fiscais, bancárias, financeiras e eleitorais.

Capítulo II
Da Preservação do Sigilo Constitucional

Art. 3º. Nas hipóteses do inciso III do art. 2º desta Lei, ocorrendo possibilidade de violação de sigilo preservado pela Constituição ou por lei, a diligência será realizada pessoalmente pelo juiz, adotado o mais rigoroso segredo de justiça.

§ 1º. Para realizar a diligência, o juiz poderá requisitar o auxílio de pessoas que, pela natureza da função ou profissão, tenham ou possam ter acesso aos objetos do sigilo.

§ 2º. O juiz, pessoalmente, fará lavrar auto circunstanciado da diligência, relatando as informações colhidas oralmente e anexando cópias autênticas dos documentos que tiverem relevância probatória, podendo, para esse efeito, designar uma das pessoas referidas no parágrafo anterior como escrivão *ad hoc*.

§ 3º. O auto de diligência será conservado fora dos autos do processo, em lugar seguro, sem intervenção de cartório ou servidor, somente podendo a ele ter acesso, na presença do juiz, as partes legítimas na causa, que não poderão dele servir-se para fins estranhos à mesma, e estão sujeitas às sanções previstas pelo Código Penal em caso de divulgação.

§ 4º. Os argumentos de acusação e defesa que versarem sobre a diligência serão apresentados em separado para serem anexados ao auto da diligência, que poderá servir como elemento na formação da convicção final do juiz.

§ 5º. Em caso de recurso, o auto da diligência será fechado, lacrado e endereçado em separado ao juízo competente para revisão, que dele tomará conhecimento sem intervenção das secretarias e gabinetes, devendo o relator dar vistas ao Ministério Público e ao Defensor em recinto isolado, para o efeito de que a discussão e o julgamento sejam mantidos em absoluto segredo de justiça.

Capítulo III
Das Disposições Gerais

Art. 4º. Os órgãos da polícia judiciária estruturarão setores e equipes de policiais especializados no combate à ação praticada por organizações criminosas.

Art. 5º. A identificação criminal de pessoas envolvidas com a ação praticada por organizações criminosas será realizada independentemente da identificação civil.

Art. 6º. Nos crimes praticados em organização criminosa, a pena será reduzida de um a dois terços, quando a colaboração espontânea do agente levar ao esclarecimento de infrações penais e sua autoria.

Art. 7º. Não será concedida liberdade provisória, com ou sem fiança, aos agentes que tenham tido intensa e efetiva participação na organização criminosa.

Art. 8º. O prazo para encerramento da instrução criminal, nos processos por crime de que trata esta Lei, será de 81 (oitenta e um) dias, quando o réu estiver preso, e de 120 (cento e vinte) dias, quando solto. (Artigo com redação determinada pela Lei n.9.303/96.)

Art. 9º. O réu não poderá apelar em liberdade, nos crimes previstos nesta Lei.

Art. 10. Os condenados por crimes decorrentes de organização criminosa iniciarão o cumprimento da pena em regime fechado.

Art. 11. Aplicam-se, no que não forem incompatíveis, subsidiariamente, as disposições do Código de Processo Penal.

Art. 12. Esta Lei entra em vigor na data de sua publicação.

Art. 13. Revogam-se as disposições em contrário.

Brasília, 3 de maio de 1995; 174º da Independência e 107º da República.

FERNANDO HENRIQUE CARDOSO

SOBRE O LIVRO

Formato: 12 x 21 cm
Mancha: 20,5 x 39,5 paicas
Tipologia: Gatineau 10,5/14
Papel: Offset 90 g/m² (miolo)
Cartão Supremo 250 g/m² (capa)
1ª edição: 2002

EQUIPE DE REALIZAÇÃO

Coordenação Geral
Sidnei Simonelli

Produção Gráfica
Anderson Nobara

Edição de Texto
Nelson Luís Barbosa (Assistente Editorial)
Ana Paula Castellani (Preparação de Original)
Ada Santos Seles (Revisão)
Oitava Rima Prod. Editorial (Atualização Ortográfica)

Editoração Eletrônica
Oitava Rima Prod. Editorial

Impressão e acabamento